LAS REGLAS DEL JUE(

Una introducción a la actividad normativa
de la Organización Internacional del Trabajo

Las reglas del juego: Una introducción a la actividad normativa de la Organización Internacional del Trabajo
Ginebra, Oficina Internacional del Trabajo, 2019

ISBN 978-92-2-132191-0 (impreso)
ISBN 978-92-2-132192-7 (pdf web)

Publicado también en francés: *Les règles du jeu: une introduction à l'action normative de l'Organisation internationale du Travail* (ISBN 978-92-2-132188-0 (impreso), ISBN 978-92-2-132189-7 (pdf web), Ginebra, 2019; y en inglés: *Rules of the game: An introduction to the standards-related work of the International Labour Organisation* (ISBN 978-92-2-132185-9 (impreso), ISBN 978-92-2-132186-6 (pdf web), Ginebra, 2019.

Datos de catalogación en publicación de la OIT

Esta publicación ha sido realizada por el Servicio de Producción,
Impresión y Distribución de Documentos y Publicaciones (PRODOC) de la OIT.
*Creación gráfica, concepción tipográfica, compaginación, impresión,
edición electrónica y distribución.*
La OIT vela por la utilización de papel proveniente de bosques gestionados
de manera durable y responsable desde el punto de vista medioambiental y social.
Código: DTP-SCR

CONTENIDO

PREFACIO

Las reglas del juego: Una introducción a la actividad normativa de la Organización Internacional del Trabajo, ofrece una breve reseña de la política normativa de la OIT para facilitar la comprensión y la asimilación por parte de los mandantes tradicionales de la Organización, así como de los miembros del sistema de las Naciones Unidas, de las personas no son expertos en la materia y de la opinión pública en general. En su primera parte, la publicación presenta los fundamentos y la utilidad de la función normativa de la OIT, tanto en el plano internacional como en el nacional, en el contexto actual de la globalización. Seguidamente, el contenido de las normas internacionales del trabajo se presenta desde una óptica temática en una segunda sección. La tercera sección está dedicada a una presentación de los mecanismos de control de la aplicación de las normas internacionales por parte de los Estados miembros de la OIT. La actualización de esta publicación de referencia, publicada por primera vez en 2005 y cuya última edición data de 2014, es testimonio del dinamismo de la política normativa de la OIT. En esta nueva edición de 2019, que coincide con el centenario de la Organización, se recogen las últimas novedades, a saber, la adopción de nuevos instrumentos, la puesta en marcha de la iniciativa del centenario relativa a las normas para fortalecer el sistema de control de su aplicación, el establecimiento de un mecanismo de revisión de las normas vigentes, etc. Por otra parte, esta nueva edición nos permite poner en perspectiva la contribución fundamental de las normas internacionales del trabajo a la Agenda 2030 para el Desarrollo Sostenible adoptada por los Estados Miembros de las Naciones Unidas en 2015 y la reflexión más amplia sobre el futuro del trabajo. Con esta nueva edición, preparada por el Sr. Éric Gravel, del Departamento de Normas Internacionales del Trabajo, se contribuye a la promoción de las actividades normativas de la Organización y a una difusión aún más amplia de la información sobre su mandato normativo.

Corinne Vargha
Directora, Departamento de normas internacionales del trabajo,
OIT, Ginebra

1

NORMAS INTERNACIONALES DEL TRABAJO: REGLAS DEL JUEGO PARA LA ECONOMÍA GLOBAL

El mandato de la OIT para aspirar a un futuro mejor para todos en el mundo del trabajo requiere [...] comprender y anticipar los conductores de cambios transformacionales que ya están en operación; y estar listos para responder con rapidez a los acontecimientos y desafíos que no pueden razonablemente predecirse. [...] [P]arece inconcebible que la búsqueda de la OIT por la justicia social pueda llevarse a cabo en forma satisfactoria si la Organización no continúa llegando hasta los más vulnerables. [...] [L]a OIT, [...], con razón será juzgada por lo que hacemos por los más débiles y desfavorecidos, por los que están en la pobreza, sin trabajo, sin oportunidades, perspectivas o esperanzas, por los que «sufren la negación de los derechos y las libertades fundamentales.»[1]

Guy Ryder, Director General de la OIT, 2016

Desde 1919, la Organización Internacional del Trabajo ha instaurado y desarrollado un sistema de normas internacionales del trabajo que tiene por objetivo la promoción de oportunidades para hombres y mujeres, con el fin de que estos consigan trabajos decentes y productivos, en condiciones de libertad, igualdad, seguridad y dignidad. En la economía globalizada de la actualidad, las normas internacionales del trabajo constituyen un componente esencial del marco internacional para garantizar que el crecimiento de la economía global sea beneficioso para todos.

CREACIÓN DE UNA ECONOMÍA GLOBAL CON JUSTICIA SOCIAL

La búsqueda de justicia social, que ofrece a cada hombre y a cada mujer en el trabajo la posibilidad de reivindicar libremente y en igualdad de oportunidades su justa participación en las riquezas que han contribuido a crear tiene hoy tanta fuerza como cuando la OIT fue creada en 1919. Ello es así, porque, al celebrar el centenario de la OIT en 2019, la importancia de la consecución de esa justicia social cobra cada vez más relevancia, con el agravamiento de la desigualdad y la exclusión que constituyen una amenaza para la cohesión social, el crecimiento económico y el progreso humano. Ante el cambio climático, la evolución demográfica, el desarrollo tecnológico y, de manera más general, la globalización, somos testigos de un proceso de transformación del mundo del trabajo a un ritmo y a una escala sin precedentes. ¿Cómo podemos aprovechar estos retos para brindar oportunidades que permitan hacer realidad la justicia social en un mundo del trabajo cada vez más complejo?

Por una globalización equitativa

El rasgo más distintivo de la economía mundial de los últimos decenios es tal vez la globalización. Debido a las nuevas tecnologías, las personas, los bienes y los capitales circulan entre los países a un ritmo sin precedentes, lo que genera un entramado económico y global interdependiente que atañe prácticamente a todos los habitantes del planeta. La globalización actual afecta a la internacionalización de la producción, de las finanzas, del comercio, y de las migraciones.

El interrogante de si la globalización contemporánea es fuente de prosperidad o si agrava las desigualdades y la injusticia sigue siendo una cuestión muy debatida. En este debate, la OIT siempre ha ocupado un lugar privilegiado en lo que se refiere a su compromiso de promover una globalización más justa y equitativa. La Declaración de la OIT sobre la justicia social para una globalización equitativa (véase la sección 3), adoptada por los gobiernos, los trabajadores y los empleadores en junio de 2008, tuvo por finalidad, sobre todo, consolidar la capacidad de la OIT para promover el Programa de Trabajo Decente y responder de manera eficaz a los retos cada vez mayores que plantea la globalización. El Programa de Trabajo Decente, que se basa en cuatro pilares (promoción del empleo, protección social, derechos fundamentales en el trabajo y diálogo social), se ocupa de gran parte de los retos a los que ya se enfrentaba la Organización en el momento de su creación y tiene por objeto permitir que todos consigan un trabajo decente mediante la promoción del diálogo social, la protección social y la creación de empleo, así como mediante el respeto de las normas internacionales del trabajo.

La globalización ha perturbado sin duda alguna las estructuras de producción mundiales, lo que ha tenido importantes efectos sobre las empresas y el empleo. Las cadenas mundiales de suministro, que representan uno de cada cinco puestos de trabajo en todo el mundo, son un reflejo de la creciente diversificación de la producción. Si bien han creado puestos de trabajo y ofrecido oportunidades para el progreso económico, las relaciones laborales y la dinámica de la producción, pudieron haber tenido consecuencias negativas en las condiciones de trabajo. Por ejemplo, tras los incendios de fábricas en Pakistán y Bangladesh en 2012 y el derrumbe del edificio Rana Plaza en 2013, que se cobraron la vida de más de 1.500 personas, han vuelto a alzarse las voces, en particular en respuesta a las deficiencias en el control y la buena gobernanza locales, y se ha pedido la adopción de medidas en el plano mundial. Para los actores laborales, el reto consiste en mejorar la gobernanza de estas cadenas mundiales de suministro y garantizar el cumplimiento de las normas internacionales del trabajo, en particular los derechos fundamentales. Es en este contexto que, en la 105ª. reunión de la Conferencia Internacional del Trabajo, celebrada en junio de 2016, se adoptó una resolución sobre «trabajo decente en las cadenas mundiales de suministro».

Otra de las facetas emblemáticas de la economía contemporánea es la financiarización de los negocios con énfasis en la rentabilidad financiera a expensas de la inversión real. A falta de una regulación adecuada, esta financiarización tiene el efecto de aumentar la volatilidad y la vulnerabilidad de la economía y del mercado de trabajo, alentando los beneficios a corto plazo y ocasionando efectos redistributivos perniciosos, con consecuencias para la creación de empleo, la productividad y la sostenibilidad de las empresas. Las razones de la crisis financiera y económica de 2008 y sus efectos devastadores sobre la economía real son bien conocidas, entre ellas, las deficiencias en la gobernanza y en la regulación de los mercados financieros. Sin embargo, persiste la incertidumbre sobre si se han aprendido realmente las lecciones de tales acontecimientos.

Un mundo de trabajo vulnerable

A pesar de los innegables beneficios, es evidente que la globalización no se ha traducido en una nueva era de prosperidad para todos. Se han logrado algunos avances en el ámbito del desarrollo y del reconocimiento de los derechos: reducción de la pobreza extrema, mayor participación de las mujeres en el mercado laboral, desarrollo de los sistemas de protección social, creación de empleos sostenibles por parte del sector privado, etc.

Pero la economía globalizada contemporánea también ha supuesto grandes trastornos sociales, como el aumento del desempleo masivo, la deslocalización de trabajadores y empresas, la inestabilidad financiera, etc. Así pues, la situación actual del mercado de trabajo mundial sigue siendo particularmente precaria.

A pesar de varias recesiones, incluida la crisis financiera y económica mundial de 2008, el empleo total en 2016 se situó en 3.200 millones de personas (casi 1.000 millones más que en 1990), lo que pone de relieve la creación efectiva de puestos de trabajo. Sin embargo, las tasas de desempleo siguen siendo elevadas: en 2017, alrededor de 198 millones de personas en todo el mundo buscaban activamente trabajo, tres cuartas partes de las cuales vivían en países emergentes. La vulnerabilidad del empleo también ha aumentado (casi 1.400 millones de trabajadores tenían un empleo vulnerable en 2017, lo que afecta a tres de cada cuatro trabajadores de los países en desarrollo), al igual que las desigualdades de ingresos, que han aumentado drásticamente en la mayoría de las regiones del mundo.[2]

El agravamiento de las desigualdades se está convirtiendo en una de las principales características del mundo contemporáneo. La distribución individual de los salarios también se ha vuelto más desigual, con un mayor desfase entre los empleados del 10 por ciento superior y los del 10 por ciento inferior. De hecho, con la excepción de América Latina, todas las demás regiones han experimentado un aumento de la desigualdad de ingresos, que ha ido acompañada de una disminución de la proporción de los ingresos laborales. Sin embargo, las desigualdades no solo acarrean una disminución de la productividad, sino que también incrementan la pobreza, la inestabilidad social e incluso los conflictos. Por ello, la comunidad internacional ha reconocido la necesidad de establecer reglas de juego fundamentales para que la globalización brinde a todos las mismas oportunidades de prosperar.

El futuro del trabajo en cuestión

Desde el decenio de 1980, una serie de cambios globales han transformado fundamentalmente el empleo y la fuerza de trabajo: la aceleración de la globalización del comercio, el cambio tecnológico, el crecimiento de las tasas de participación de la mujer, la fragmentación de las cadenas de valor y la subcontratación, los cambios en la demanda, las aspiraciones individuales, la cualificación de la población activa, etc. Sin embargo, en la actualidad, con el cambio climático, el desarrollo demográfico y el cambio tecnológico, están surgiendo nuevos retos para todos los individuos y para el mundo del trabajo en particular: diversificación de las formas de empleo, desarrollo de la economía digital y, en particular, de las plataformas, un nuevo vínculo con la noción de trabajo, la conciliación del trabajo y la vida familiar, etc.

Una de las controversias más emblemáticas de esta problemática del futuro del trabajo es saber si el cambio tecnológico traerá consigo la destrucción o la creación de puestos de trabajo. Si bien la OIT es consciente de este debate, que ha resurgido en formas renovadas a lo largo del siglo XX, está adquiriendo una nueva dimensión en la era de la robotización y la inteligencia artificial. Por encima de los escenarios pesimistas y optimistas sobre el tema, el verdadero reto del cambio tecnológico radica en cómo ayudar, en el contexto de esta transición, a las empresas y a los trabajadores a adaptarse a los nuevos puestos de trabajo (tanto desde el punto de vista físico como de la capacitación).

Para comprender y responder con eficacia a estos nuevos desafíos, la OIT puso en marcha una «Iniciativa relativa al futuro del trabajo» y estableció la Comisión Mundial sobre el Futuro del Trabajo en agosto de 2017. A este respecto, cabe destacar que dicha Comisión publicó el 22 de enero de 2019 su informe intitulado «Trabajar para un futuro más prometedor».[3] Por otra parte, seis grupos temáticos se centran en las principales cuestiones que deben tenerse en cuenta para que el trabajo del futuro garantice la seguridad, la igualdad y la prosperidad: la función del trabajo para las personas y las sociedades; la desigualdad sistemática de la mujer en el lugar de trabajo en todo el mundo; la tecnología para el desarrollo social, medioambiental y económico; el desarrollo de las capacidades para toda la vida; los nuevos modelos de crecimiento inclusivo; y el futuro de la gobernanza del trabajo.

La transición energética, ¿una oportunidad?

La lucha contra el cambio climático ocupa ahora el primer lugar en la escena internacional, con el objetivo a largo plazo del Acuerdo de París de 2015 de mantener el aumento de la temperatura promedio mundial por debajo de 2°C respecto de los niveles de la era preindustrial. Para la OIT, el reto consiste en abordar las incidencias en el mundo del trabajo, cuyos efectos negativos están empezando a manifestarse: perturbación de las actividades comerciales, destrucción de los lugares de trabajo con las consiguientes afectaciones a los medios de subsistencia de la población. En la actualidad, 1.200 millones de puestos de trabajo dependen directamente de la gestión eficaz y de la sostenibilidad de un medio ambiente sano.[4] Los posibles efectos del cambio climático sobre las empresas y los trabajadores, los mercados de trabajo, los ingresos, la protección social y la pobreza hacen de la mitigación del cambio climático y la adaptación al mismo uno de los principales objetivos del mandato y la labor de la OIT. La transición hacia una economía verde conllevará inevitablemente la pérdida de puestos de trabajo en algunos sectores, pero estas pérdidas serán compensadas con creces por nuevas oportunidades de empleo, siempre que se apliquen políticas para promover el trabajo decente y la redistribución de los trabajadores.

La función de las normas internacionales del trabajo sigue siendo fundamental

Para comprender mejor los desafíos actuales, es importante recordar que, en 1919, conscientes de que «existen condiciones de trabajo que entrañan tal grado de injusticia, miseria y privaciones para gran número de seres humanos, que el descontento causado constituye una amenaza para la paz y armonía universales», los Estados signatarios del Tratado de Versalles crearon la Organización Internacional del Trabajo (OIT). Para hacer frente a este desafío, la recientemente creada Organización desarrolló un sistema de normas internacionales del trabajo que comprende todas las cuestiones laborales: convenios y recomendaciones internacionales elaborados por representantes de los gobiernos, de los empleadores y de los trabajadores de todo el mundo. Lo que los fundadores de la OIT reconocieron en 1919 era que la economía mundial necesitaba reglas claras para que el progreso económico pudiese ser sinónimo de justicia social, prosperidad y paz para todos. Este principio no ha perdido su vigencia: en el futuro, más que en el presente, las normas del trabajo serán una fuente de cohesión social y de estabilidad económica, en un momento de grandes cambios en el trabajo.

Las normas internacionales del trabajo también se han convertido en un sistema global de instrumentos relativos al trabajo y a las políticas sociales, respaldado por un sistema de seguimiento que permite abordar todo tipo de problemas que se planteen en su aplicación en el plano nacional. Las normas internacionales del trabajo son el componente jurídico de la estrategia de la OIT para gestionar la globalización, promover el desarrollo sostenible, erradicar la pobreza y garantizar que todos se beneficien de condiciones de trabajo decentes y seguras. La Declaración de la OIT sobre la justicia social para una globalización equitativa hace hincapié en que, a fin de alcanzar los objetivos de la OIT en el contexto de la globalización, la Organización debe «promover la política normativa de la OIT como piedra angular de sus actividades realzando su pertinencia para el mundo del trabajo, y garantizar la función de las normas como medio útil para alcanzar los objetivos constitucionales de la Organización».

Los desafíos de la globalización han hecho que las normas internacionales del trabajo cobren más vigencia que nunca. ¿Cuáles son las ventajas que ofrecen estas normas en la actualidad?

Hacia el pleno empleo y productivo y el trabajo decente para todos: objetivos para 2030

Las normas internacionales del trabajo se refieren ante todo al desarrollo de las personas como seres humanos. En la Declaración de Filadelfia de la OIT (1944), la comunidad internacional reconoció que «el trabajo no es una mercancía». El trabajo no es un producto inanimado como una manzana o un televisor que se puede negociar para obtener el mejor beneficio o el precio más bajo. Este forma parte de la vida cotidiana de cada persona y es la base de su dignidad, bienestar y desarrollo como ser humano. El desarrollo económico debe incluir la creación de puestos de trabajo y condiciones de trabajo en las que los trabajadores puedan trabajar con total libertad, seguridad y dignidad. En síntesis, el desarrollo económico no es un fin en sí mismo, sino que sirve para mejorar la vida del ser humano. Las normas internacionales del trabajo garantizan que el desarrollo económico siga centrándose en mejorar la vida de hombres y mujeres y en preservar su dignidad.

El trabajo decente resume las expectativas del ser humano en lo que se refiere al trabajo. Ello supone el acceso a un trabajo productivo y debidamente remunerado, la seguridad en el lugar de trabajo y la protección social de las familias, mejores perspectivas de desarrollo personal y de inclusión social, la libertad de los individuos para expresar sus reivindicaciones, organizarse y participar en la toma de las decisiones que afecten en su vida, así como la igualdad de oportunidades y de trato para todas las personas, tanto para los hombres como para las mujeres.

El trabajo decente no es un mero objetivo, sino un medio para la consecución de los logros concretos del nuevo programa internacional de desarrollo sostenible. Durante la Asamblea General de las Naciones Unidas en septiembre de 2015, el trabajo decente y los cuatro pilares del Programa de Trabajo Decente -creación de empleo, protección social, derechos laborales y diálogo social- se convirtieron en elementos centrales de la nueva Agenda *2030* para el Desarrollo Sostenible. En el objetivo 8 de Agenda *2030* se invita a promover el crecimiento económico constante, inclusivo y sostenible, el pleno empleo y productivo y el trabajo decente. Además, los principales aspectos del trabajo decente se incorporan ampliamente en las metas de muchos de los 16 objetivos de la nueva visión de desarrollo de las Naciones Unidas.

Un marco jurídico internacional para una globalización justa y estable

La consecución de la meta del trabajo decente en la economía globalizada, requiere la adopción de medidas en el plano internacional. La comunidad internacional responde a este desafío, en parte desarrollando instrumentos jurídicos internacionales sobre comercio, finanzas, medio ambiente, derechos humanos y trabajo. La OIT contribuye a este marco jurídico elaborando y promoviendo normas internacionales del trabajo orientadas a garantizar que el crecimiento económico y el desarrollo vayan de la mano de la creación de trabajo decente. La estructura tripartita, única de la OIT, garantiza que estas normas sean respaldadas por los gobiernos, los empleadores y los trabajadores. En consecuencia, las normas internacionales del trabajo establecen las normas sociales mínimas básicas acordadas por todos aquellos que participan en la economía global.

Establecimiento de condiciones de igualdad

Un marco jurídico internacional sobre las normas sociales garantiza el establecimiento de condiciones de igualdad en la economía global. Ayuda a los gobiernos y a los empleadores a no caer en la tentación de reducir las normas del trabajo creyendo que ello podría darles una mayor ventaja comparativa en el comercio internacional. En el largo plazo, estas prácticas no benefician a nadie. La reducción de las normas del trabajo puede incentivar la generalización de salarios bajos, una formación deficiente y mucha rotación de personal en las industrias, impidiéndose, de este modo, que un país genere empleos más estables y calificados. Al mismo tiempo, tales prácticas dificultan que los socios comerciales desarrollen sus economías. Debido a que las normas internacionales del trabajo son normas mínimas adoptadas por los gobiernos y los interlocutores sociales, deberá ser interés de todos que esas normas se apliquen de manera general para que aquellos que no lo hicieran no socaven los esfuerzos de los que sí lo hacen.

Una forma de mejorar el rendimiento económico

En ocasiones se considera que las normas internacionales del trabajo son costosas y, por consiguiente, un obstáculo para el desarrollo económico. Sin embargo, cada vez más estudios demuestran que el cumplimiento de estas normas conlleva a menudo una mejor productividad y rendimiento económicos.

Las normas sobre el salario mínimo y el tiempo de trabajo y la observancia de la igualdad pueden conllevar una mayor satisfacción y un mejor rendimiento de los trabajadores y, por lo tanto, una menor rotación del personal. Las inversiones en formación profesional pueden redundar en una mano de obra con mejor formación y en niveles más elevados de empleo. Las normas sobre seguridad en el trabajo pueden reducir el número de accidentes de alto costo y los gastos de atención médica. La seguridad en el empleo puede motivar a los trabajadores a asumir riesgos y a innovar. Una protección social que prevea sistemas de prestación por desempleo y políticas de empleo activas puede mejorar la flexibilidad del mercado de trabajo y permitir que la liberalización económica y las privatizaciones sean sostenibles y más aceptables para la población. La libertad de asociación y la negociación colectiva pueden mejorar la cooperación y la consulta entre trabajadores y empleadores, lo que se traduce en mejores condiciones de trabajo y en una reducción del número de conflictos laborales onerosos, así como en una mayor estabilidad social.

Los efectos beneficiosos de las normas del trabajo no pasan desapercibidos para los inversores extranjeros. Diversos estudios han demostrado que, en los criterios para la elección de los países en los que invertir, los inversores extranjeros valoran más la calidad de la mano de obra y la estabilidad política y social que los bajos costes de la mano de obra. Tampoco existen pruebas suficientes que demuestren que los países que no respetan las normas laborales sean más competitivos en la economía global. Por último, las normas internacionales del trabajo permiten no solo responder a los cambios en el mundo del trabajo para la protección de los trabajadores, sino también tener en cuenta las necesidades de las empresas sostenibles.

Una red de protección frente a las crisis económicas

Incluso las economías que crecen rápidamente y poseen una fuerza laboral altamente calificada pueden verse afectadas por una recesión económica inesperada. La crisis financiera asiática de 1997, la explosión de la burbuja tecnológica en el año 2000 y la crisis económica y financiera de 2008 pusieron de manifiesto la manera en que decenios de crecimiento económico pueden desplomarse por las graves devaluaciones de la moneda y por la caída de los precios del mercado. Por ejemplo, durante la crisis asiática de 1997, así como durante la crisis de 2008, el desempleo aumentó significativamente en muchos de los países afectados. Los efectos desastrosos que estas crisis tuvieron sobre los trabajadores se vieron agravados por el hecho de que en muchos de estos países, los sistemas de protección social (especialmente de seguros de desempleo y seguros médicos), las políticas activas de empleo y el diálogo social se encontraban poco desarrolladas.

La adopción de un enfoque equilibrado entre el empleo y los objetivos macroeconómicos, teniendo en cuenta al mismo tiempo las repercusiones sociales, puede contribuir a hacer frente a estos retos.

Una estrategia para la reducción de la pobreza

El desarrollo económico siempre ha dependido de la aceptación de las normas. La legislación y las instituciones jurídicas vigentes garantizan los derechos de propiedad, el cumplimiento de los contratos, la observancia de los procedimientos y la protección contra los delitos, que son elementos jurídicos de una buena gobernanza, sin los cuales ninguna economía puede funcionar. Un mercado regulado por un conjunto de normas e instituciones justas es más dinámico y beneficioso para todos. Esto mismo se aplica al mercado laboral. Las prácticas laborales justas establecidas por las normas internacionales del trabajo y aplicadas a través de los sistemas jurídicos nacionales garantizan un mercado de trabajo estable y dinámico, tanto para los trabajadores como para los empleadores.

En muchas economías en desarrollo y en transición, una gran parte de la mano de obra trabaja en el sector informal. Además, estos países a menudo carecen de la capacidad de impartir una justicia social efectiva. Sin embargo, las normas internacionales del trabajo también pueden ser instrumentos eficaces en estas situaciones. La mayor parte de las normas de la OIT se aplican a todos los trabajadores, no sólo a los que trabajan con arreglo a acuerdos formales de trabajo. Algunas normas, como las relativas a los trabajadores a domicilio, los trabajadores migrantes, los trabajadores rurales o los pueblos indígenas y tribales, en realidad se refieren específicamente a ciertas áreas de la economía informal. Se ha demostrado que la consolidación de la libertad de sindical, la ampliación de la protección social y el fortalecimiento de la seguridad y la salud en el trabajo, el desarrollo de la formación profesional, así como otras medidas requeridas por las normas internacionales del trabajo constituyen una estrategia eficaz para reducir la pobreza y alentar a los trabajadores a integrarse a la economía formal. Por otra parte, las normas internacionales del trabajo exigen la creación de instituciones y mecanismos que permitan la observancia de los derechos laborales. Si se combinan con un conjunto de derechos y normas claramente definidos, el funcionamiento de las instituciones jurídicas puede contribuir a formalizar la economía y a crear un clima de confianza y de orden que es esencial para el crecimiento y el desarrollo económicos.[5]

Un gran caudal de experiencia y conocimientos internacionales

Las normas internacionales del trabajo son el resultado de las discusiones celebradas entre los gobiernos, los empleadores y los trabajadores en consulta con expertos de todo el mundo. Representan el consenso internacional sobre la manera en que pueden abordarse problemas laborales concretos a escala global y reflejan los conocimientos y la experiencia predominantes en todo el mundo. Los gobiernos, las organizaciones de empleadores y de trabajadores, las instituciones internacionales, las empresas multinacionales y las organizaciones no gubernamentales pueden beneficiarse con estos conocimientos, incorporando las normas a sus políticas, a sus objetivos operativos y a sus acciones cotidianas. Dada su naturaleza jurídica, las normas internacionales del trabajo pueden utilizarse en los diversos ordenamientos jurídicos y en el ámbito administrativo a escala nacional e integrarse en el corpus del derecho internacional para promover una mayor integración de la comunidad internacional.

Acerca de la OIT

La Organización Internacional del Trabajo fue fundada en 1919 y en 1946 se convirtió en una agencia especializada de las Naciones Unidas. Actualmente, la OIT cuenta con 187 Estados Miembros y tiene una estructura «tripartita» única que reúne a los representantes de los gobiernos, de los empleadores y de los trabajadores, en un plano de igualdad, para tratar los asuntos relacionados con las políticas laborales y sociales. La **Conferencia Internacional del Trabajo**, que reúne una vez al año a los mandantes de la OIT, establece las políticas generales de la Organización. La Conferencia también adopta nuevas normas internacionales del trabajo, así como el Programa y Presupuesto de la OIT.

En el período que transcurre entre dos reuniones de la Conferencia, la OIT está dirigida por el **Consejo de Administración**, que está compuesto por 28 miembros gubernamentales, 14 miembros de los empleadores y 14 miembros de los trabajadores.

La Secretaría de la OIT, la Oficina Internacional del Trabajo, tiene su sede en Ginebra, Suiza, y mantiene oficinas exteriores en más de 40 países. En su 50° aniversario, en 1969, la OIT fue galardonada con el Premio Nobel de la Paz. El actual Director General de la OIT es el Sr. Guy Ryder, que fue reelegido en 2017 para un segundo mandato de cinco años. La OIT celebra su centenario en 2019.

¿QUÉ SON LAS NORMAS INTERNACIONALES DEL TRABAJO?

Las normas internacionales del trabajo son instrumentos jurídicos preparados por los mandantes de la OIT (gobiernos, empleadores y trabajadores) que establecen principios y derechos básicos en el trabajo. Las normas se dividen en *convenios (o protocolos)*, que son tratados internacionales jurídicamente vinculantes que pueden ser ratificados por los Estados Miembros, o en *recomendaciones*, que actúan como directrices no vinculantes. En muchos casos, un convenio establece los principios básicos que deben aplicar los países que lo ratifican, mientras que la recomendación correspondiente complementa al convenio, proporcionando directrices más detalladas sobre su aplicación. Las recomendaciones también pueden ser autónomas, es decir, que no se encuentran relacionadas con ningún convenio.

Las normas internacionales del trabajo son preparadas por representantes de los gobiernos, de los empleadores y de los trabajadores, y se adoptan en la Conferencia Internacional del Trabajo de la OIT. Una vez adoptadas las normas, se requiere que, en virtud del párrafo 6) del Artículo 19 la Constitución de la OIT, los Estados Miembros las *sometan* a la autoridad nacional competente (normalmente el Parlamento) para su examen. En el caso de los convenios, se trata de examinarlos de cara a su *ratificación*. Si un país decide ratificar un convenio, en general este entra en vigor para ese país un año después de la fecha de la ratificación. Los países que ratifican un convenio están obligados a aplicarlo en la legislación y en la práctica nacionales, y a enviar a la Oficina memorias sobre su aplicación a intervalos regulares. Si fuera necesario, la Oficina proporcionará asistencia técnica. Por otra parte, pueden iniciarse procedimientos de reclamación y de queja contra el Estado que no haya observado las disposiciones del convenio que haya ratificado. (Véase la Sección 3).

Convenios fundamentales

El Consejo de Administración de la OIT ha establecido que ocho convenios son «fundamentales». Estos abarcan temas que son considerados principios y derechos fundamentales en el trabajo: la libertad de asociación y la libertad sindical, y el reconocimiento efectivo del derecho de negociación colectiva; la eliminación de todas las formas de trabajo forzoso u obligatorio; la abolición efectiva del trabajo infantil; y la eliminación de la discriminación en materia de empleo y ocupación. Estos principios también están incluidos en la *Declaración de la OIT relativa a los principios y derechos fundamentales en el trabajo* (1998) (Véase la Sección 3). Al 30 de noviembre de 2018, se habían registrado 1.375 ratificaciones de esos convenios, lo que representa casi el 92% del número posible de ratificaciones. Hasta esa fecha, todavía se necesitaban 121 ratificaciones para alcanzar el objetivo de la ratificación universal de todos los convenios fundamentales.

Los ocho convenios fundamentales son los siguientes:

- Convenio sobre la libertad sindical y la protección del derecho de sindicación, 1948 (núm. 87)
- Convenio sobre el derecho de sindicación y de negociación colectiva, 1949 (núm. 98)
- Convenio sobre el trabajo forzoso, 1930 (núm. 29)
- Convenio sobre la abolición del trabajo forzoso, 1957 (núm. 105)
- Convenio sobre la edad mínima, 1973 (núm. 138)
- Convenio sobre las peores formas de trabajo infantil, 1999 (núm. 182)
- Convenio sobre igualdad de remuneración, 1951 (núm. 100)
- Convenio sobre la discriminación (empleo y ocupación), 1958 (núm. 111)

Convenios de gobernanza (prioritarios)

El Consejo de Administración de la OIT también ha designado otros cuatro convenios como instrumentos de gobernanza (o «prioritarios»), por lo cual insta a los Estados Miembros a su ratificación, habida cuenta de su importancia para el funcionamiento del sistema de normas internacionales del trabajo. En la *Declaración de la OIT sobre la justicia social para una globalización equitativa* se señala, en su mecanismo de seguimiento, la importancia de estos convenios desde el punto de vista de la gobernanza.

Los cuatro convenios de gobernanza son los siguientes:

- Convenio sobre la inspección del trabajo, 1947 (núm. 81) (así como su Protocolo de 1995)
- Convenio sobre la inspección del trabajo (agricultura), 1969 (núm. 129)
- Convenio sobre la consulta tripartita (normas internacionales del trabajo), 1976 (núm. 144)
- Convenio sobre la política del empleo, 1964 (núm. 122)

¿CÓMO SE ELABORAN LAS NORMAS INTERNACIONALES DEL TRABAJO?

Las normas internacionales del trabajo se desarrollan a partir de una creciente preocupación internacional en torno a la necesidad de abordar determinados problemas, como, por ejemplo, proporcionar protección durante la maternidad a las trabajadoras, o garantizar condiciones seguras de trabajo a los trabajadores agrícolas. La elaboración de las normas internacionales del trabajo de la OIT es un proceso legislativo único, en el que intervienen representantes de los gobiernos, de los trabajadores y de los empleadores de todo el mundo. En primer lugar, el Consejo de Administración acuerda inscribir un punto en el orden del día de la Conferencia Internacional del Trabajo. La Oficina Internacional del Trabajo prepara un informe en el que se analiza la legislación y la práctica de los Estados Miembros respecto del asunto de que se trate. Este informe se envía a los Estados Miembros y a las organizaciones de empleadores y de trabajadores para que formulen comentarios al respecto, y luego se discute en la Conferencia Internacional del Trabajo. Posteriormente, la Oficina prepara un segundo informe que contiene un proyecto de instrumento sobre el que también pueden formularse comentarios. Dicho proyecto se somete a discusión en la siguiente Conferencia, si se considera necesario se enmienda, y se propone para su adopción. Esta «doble discusión» brinda a los participantes en la Conferencia el tiempo suficiente para analizar el proyecto de instrumento y formular comentarios sobre el mismo. Para la adopción de una norma se requiere una mayoría de dos tercios de los votos.

Cómo se adopta una norma internacional del trabajo

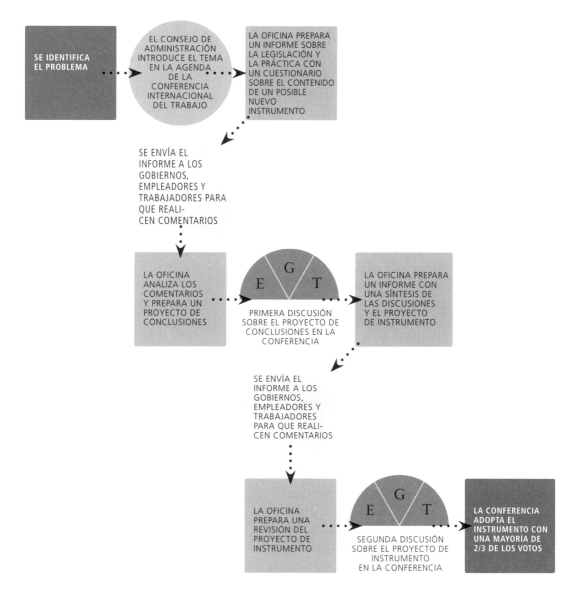

SE IDENTIFICA EL PROBLEMA

EL CONSEJO DE ADMINISTRACIÓN INTRODUCE EL TEMA EN LA AGENDA DE LA CONFERENCIA INTERNACIONAL DEL TRABAJO

LA OFICINA PREPARA UN INFORME SOBRE LA LEGISLACIÓN Y LA PRÁCTICA CON UN CUESTIONARIO SOBRE EL CONTENIDO DE UN POSIBLE NUEVO INSTRUMENTO

SE ENVÍA EL INFORME A LOS GOBIERNOS, EMPLEADORES Y TRABAJADORES PARA QUE REALICEN COMENTARIOS

LA OFICINA ANALIZA LOS COMENTARIOS Y PREPARA UN PROYECTO DE CONCLUSIONES

PRIMERA DISCUSIÓN SOBRE EL PROYECTO DE CONCLUSIONES EN LA CONFERENCIA

E G T

LA OFICINA PREPARA UN INFORME CON UNA SÍNTESIS DE LAS DISCUSIONES Y EL PROYECTO DE INSTRUMENTO

SE ENVÍA EL INFORME A LOS GOBIERNOS, EMPLEADORES Y TRABAJADORES PARA QUE REALICEN COMENTARIOS

LA OFICINA PREPARA UNA REVISIÓN DEL PROYECTO DE INSTRUMENTO

SEGUNDA DISCUSIÓN SOBRE EL PROYECTO DE INSTRUMENTO EN LA CONFERENCIA

E G T

LA CONFERENCIA ADOPTA EL INSTRUMENTO CON UNA MAYORÍA DE 2/3 DE LOS VOTOS

¿Quién adopta las normas internacionales del trabajo?

La Conferencia Internacional del Trabajo reúne a delegaciones de todos los Estados Miembros de la OIT. Cada delegación comprende:

2 delegados gubernamentales

1 delegado de los empleadores

1 delegado de los trabajadores

Los delegados gubernamentales, de los empleadores y de los trabajadores votan en la sesión plenaria en un plano de igualdad.

Ratificación de los convenios y de los protocolos

Los Estados Miembros de la OIT tienen la obligación de someter todo convenio y protocolo adoptados por la Conferencia Internacional del Trabajo a las autoridades nacionales competentes para que promulguen la legislación pertinente o adopten otras medidas, incluida la ratificación. En general, cuando se adopta un convenio o un protocolo, este entra en vigor 12 meses después de haber sido ratificado por dos Estados Miembros. La ratificación es un procedimiento formal a través del cual los Estados aceptan el convenio como un instrumento jurídicamente vinculante. Tras la ratificación de un Convenio por parte de un Estado, este queda sujeto al sistema de control regular de la OIT que se utiliza para garantizar que el convenio se aplique. Para más información sobre el sistema de control de la OIT, véase la Sección 3 de esta publicación.

Universalidad y flexibilidad

Las normas se adoptan por voto mayoritario de dos tercios de los mandantes de la OIT, por lo que son la expresión de principios universalmente reconocidos. Al mismo tiempo, las normas reflejan el hecho de que los países tienen bagajes culturales e históricos, sistemas jurídicos y niveles de desarrollo económico diferentes. En realidad, la mayor parte de las normas han sido formuladas para que posean la suficiente flexibilidad que permita su incorporación a la legislación y a la práctica nacionales, teniendo debidamente en cuenta tales diferencias. Por ejemplo, las normas sobre los salarios mínimos no exigen que los Estados Miembros establezcan un salario mínimo específico, sino que instauren un sistema y los mecanismos necesarios para fijar los niveles salariales mínimos adecuados para su desarrollo económico. Otras normas incluyen las llamadas «cláusulas de flexibilidad» que permiten a los países establecer normas provisionales más restringidas que las normalmente prescritas, excluir a determinadas categorías de trabajadores de la aplicación de un convenio, o aplicar solo algunas partes de un determinado instrumento. Por lo general, los Estados que ratifiquen un convenio están obligados a notificar, mediante una declaración dirigida al Director General de la OIT, si se acogen a una de las cláusulas de flexibilidad, y a recurrir a ellas únicamente previa consulta con los interlocutores sociales. Sin embargo, no se permiten reservas a los convenios de la OIT.

Actualización de las normas internacionales del trabajo

Existen en la actualidad 189 convenios, 205 recomendaciones – alguna de las cuales datan de 1919 - y seis protocolos. Como cabría esperar, algunos de estos instrumentos ya no responden a las necesidades actuales. Para abordar este problema, la OIT adopta *convenios revisados* que sustituyen a convenios más antiguos, o bien *protocolos* que añaden nuevas disposiciones a convenios anteriores.

Mecanismo de examen de las normas (MEN)

El MEN es un mecanismo integrado de la política normativa de la OIT para garantizar que la Organización cuente con un conjunto coherente y actualizado de normas internacionales del trabajo que responde a la constante evolución del mundo del trabajo, con el propósito de proteger a los trabajadores y teniendo presentes las necesidades de las empresas sostenibles.

El MEN fue establecido por el Consejo de Administración en noviembre de 2011, pero empezó a ser operativo en una etapa posterior, en 2015, gracias a dos decisiones:

- una decisión en marzo de 2015 del Consejo de Administración que estableció, en el ámbito del MEN, un grupo de trabajo tripartito compuesto por 32 miembros (16 representantes de los Gobiernos, ocho representantes de los Empleadores y ocho representantes de los Trabajadores);

- una decisión en noviembre de 2015 para adoptar el mandato del Grupo de Trabajo tripartito del MEN.

El Grupo de Trabajo tripartito del MEN tiene el mandato de examinar las normas internacionales del trabajo de la OIT con miras a formular recomendaciones para el Consejo de Administración acerca de:

- la situación de los instrumentos examinados: los instrumentos «actualizados», los instrumentos «que requieren medidas adicionales para asegurar su relevancia continua y futura» y los instrumentos «superados»;

- la identificación de lagunas en materia de cobertura, con inclusión de las que requieren la adopción de nuevas normas;

- medidas prácticas de seguimiento con plazos definidos, cuando proceda. El grupo de trabajo tripartito del MEN se reúne una vez al año y examina diferentes instrumentos con arreglo a un enfoque temático.

Paralelamente a la creación de un mecanismo de examen de las normas, la entrada en vigor en octubre de 2015 del Instrumento 1997 de enmienda a la Constitución de la Organización Internacional del Trabajo ha fortalecido los esfuerzos de la OIT para garantizar que cuente con un conjunto coherente y actualizado de normas del trabajo que sirvan de referencia mundial. Con la entrada en vigor del Instrumento de enmienda a la Constitución, la Conferencia está facultada, mediante una mayoría de dos tercios y bajo la recomendación del Consejo de Administración, a derogar un Convenio en vigor si resulta que ha dejado de tener propósito o de realizar ninguna contribución útil para alcanzar los objetivos de la Organización. En su reunión de junio de 2017, la Conferencia llevó a cabo su primer debate tras la entrada en vigor del Instrumento de enmienda a la Constitución, examinando y aprobando la derogación de cuatro convenios internacionales del trabajo y la eliminación de otros dos convenios. En su reunión de junio de 2018, la Conferencia aprobó la derogación de otros seis convenios y la eliminación de tres recomendaciones.

¿CÓMO SE UTILIZAN LAS NORMAS INTERNACIONALES DEL TRABAJO?

Modelos y objetivos de la legislación del trabajo

Las normas internacionales del trabajo son, ante todo, instrumentos para los gobiernos que, en consulta con los empleadores y los trabajadores, se proponen elaborar y aplicar una legislación laboral, al igual que políticas sociales que estén de conformidad con las normas aceptadas internacionalmente. Para un gran número de países, este proceso se inicia con la decisión de considerar la posibilidad de ratificación de un convenio de la OIT. A menudo algunos países proceden al examen y, si es necesario, a la revisión de su legislación y de sus políticas para adecuarlas instrumento que desean ratificar. Así pues, las normas internacionales del trabajo son la meta que permite armonizar la legislación y la práctica nacionales en un ámbito determinado; la ratificación puede producirse posteriormente, cuando se esté aplicando la norma. Otros países deciden no ratificar un determinado convenio, pero sin embargo, adecuan su legislación al convenio de que se trate. Esos países utilizan las normas de la OIT como modelos para elaborar su legislación y formular directrices de política. Incluso hay países que ratifican los convenios de la OIT muy rápidamente y luego tratan de adecuar su legislación y sus prácticas nacionales a ese instrumento. Los comentarios de los órganos de control y la asistencia técnica de la OIT (véase la Sección 3) pueden orientarles en ese proceso. Para tales países, la ratificación es el primer paso hacia la aplicación de una norma.

Fuentes del derecho internacional aplicadas a escala nacional

Son muchos los países en los que los tratados internacionales ratificados se aplican automáticamente en el ámbito nacional. Así, sus tribunales pueden valerse de las normas internacionales del trabajo para dirimir casos en los que la legislación nacional es inadecuada o no se pronuncia en esa materia, o recurrir a definiciones establecidas en las normas, como la de «trabajo forzoso» o la de «discriminación». Por otra parte, junto con las iniciativas voluntarias y las normas de carácter no jurídico, la difusión de las normas internacionales se realiza, entre otros medios, a través de la movilización del registro jurídico. De hecho, el recurso a estas normas por parte de las más altas autoridades judiciales de algunos países, que la OIT ha observado en el último decenio, demuestra el carácter cada vez más frecuente de su recepción y utilización a nivel nacional. Por consiguiente, los ordenamientos nacionales e internacionales de regulación del trabajo se apoyan mutuamente. Por lo tanto, las normas internacionales del trabajo parecen ser una referencia universal para un número cada vez mayor de actores internacionales que adoptan este registro jurídico. El derecho internacional del trabajo, mediante la multiplicidad de sus usos, se convierte así en un lenguaje esencial en la denuncia de las desigualdades en el mundo del trabajo y en la regulación de las relaciones, las condiciones y los conflictos en el ámbito laboral, lo que da lugar a una una mayor observancia de los valores promovidos por la OIT.

Directrices para la política social

Las normas internacionales del trabajo, además de influir en la elaboración de la legislación, pueden servir de orientación para la formulación de políticas nacionales y locales, como, por ejemplo, las relativas al empleo o al trabajo y la familia. Pueden asimismo utilizarse para mejorar diversas estructuras administrativas, entre ellas, la administración y la inspección del trabajo, la administración de la seguridad social y de los servicios del empleo. También podrán ser fuentes de buenas relaciones profesionales que los organismos encargados de la resolución de conflictos laborales apliquen o podrán utilizarse como modelos para la elaboración de convenios colectivos.

Otras áreas de influencia

Si bien los que más se valen de las normas internacionales del trabajo son los mandantes de la OIT, otros actores también las consideran herramientas útiles. En efecto, nuevos actores utilizan las normas internacionales del trabajo y participan, de este modo, en su difusión en el ámbito internacional.

- **Responsabilidad social de las empresas (RSE) - promoción de prácticas inclusivas, responsables y sostenibles en el lugar de trabajo**
  La OIT define la RSE como la manera en que las empresas toman en consideración las repercusiones que tienen sus actividades sobre la sociedad y en la que afirman los principios y valores por los que se rigen, tanto en sus propios métodos y procesos internos como en su relación con los demás actores. El creciente interés de los consumidores por la dimensión ética de los productos y por las condiciones de trabajo en las que se elaboran ha llevado a las empresas multinacionales a adoptar códigos de conducta voluntarios para regir las condiciones de trabajo en sus plantas de producción y en sus cadenas de suministro. La mayor parte de las 500 principales empresas de los Estados Unidos y del Reino Unido han adoptado códigos

de conducta, muchos de los cuales se remiten a las normas de la OIT. Si bien estos códigos no sustituyen a los instrumentos internacionales vinculantes, desempeñan un papel de relevancia en la divulgación de los principios que contienen las normas internacionales del trabajo.

La OIT puede desempeñar una función importante en la responsabilidad de las empresas de respetar los derechos humanos mediante dos puntos de referencia principales: La Declaración de la OIT relativa a los principios y derechos fundamentales en el trabajo (1998) y la Declaración tripartita de principios sobre las empresas multinacionales y la política social, de la cual una versión revisada fue adoptada en 2017 por el Consejo de Administración en respuesta a las nuevas realidades económicas, entre ellas, el aumento de las inversiones internacionales y de los intercambios comerciales, y el crecimiento de las cadenas mundiales de suministro. Esta revisión fortaleció la Declaración sobre las Empresas Multinacionales al añadir principios que abordan cuestiones específicas de trabajo decente relacionadas con la seguridad social, el trabajo forzoso, la transición de la economía informal a la formal, los salarios, el acceso de las víctimas a recursos e indemnizaciones. También brinda orientación sobre los procesos de «debida diligencia» para la consecución del trabajo decente, la creación de empleos decentes, de empresas sostenibles, un crecimiento más inclusivo y una mejor distribución de los beneficios de la inversión directa en el extranjero, que son particularmente pertinentes para el logro del Objetivo de Desarrollo Sostenible núm. 8. Asimismo, en múltiples iniciativas que promueven prácticas empresariales inclusivas, responsables y sostenibles se remite a instrumentos de la OIT, como los Principios Rectores sobre las Empresas y los Derechos Humanos: Puesta en Práctica del Marco de las Naciones Unidas para «Proteger, Respetar y Remediar», el Pacto Mundial de las Naciones Unidas y las Líneas Directrices de la OCDE para Empresas Multinacionales.

En 2009, la OIT creó el servicio de asistencia - Helpdesk de la OIT - que proporciona a los mandantes y a las empresas fácil acceso a la información, asistencia, servicios de orientación y asesoramiento en relación con la RSE y la aplicación de las normas del trabajo para armonizar las actividades de las empresas con las normas internacionales del trabajo.[6]

- **Otras organizaciones internacionales**
  La Declaración de la OIT sobre la justicia social para una globalización equitativa destaca que «otras organizaciones internacionales y regionales cuyos mandatos abarcan ámbitos conexos tienen un papel importante que desempeñar», en particular mediante los objetivos del Programa de

Trabajo Decente. Otras instituciones internacionales recurren regularmente a las normas internacionales del trabajo en el marco de sus actividades. Periódicamente, se envían informes sobre la aplicación de tales normas a los órganos de la Organización de Naciones Unidas encargados de los derechos humanos y a otros organismos internacionales. Instituciones financieras internacionales, como el Banco Mundial, el Banco Asiático de Desarrollo y el Banco Africano de Desarrollo (BAfD) integraron ciertos aspectos de las normas del trabajo en varias de sus actividades. Desde 2013, por ejemplo, el BAfD ha introducido en su política de salvaguardia medioambiental y social una salvaguardia operativa sobre las condiciones de trabajo y de seguridad y salud (salvaguardia operativa 5), en la que se definen las condiciones que establece el BAfD a sus prestatarios o clientes, y en la que se hace referencia explícita a las normas fundamentales del trabajo de la OIT. Al hacerlo, el BAfD está en consonancia con otros donantes internacionales que han adoptado criterios similares para sus políticas de salvaguardia u otros documentos de estrategia: tal es el caso del Banco Mundial en el marco de su proceso de Documentos de Estrategia de Lucha contra la Pobreza o de la Norma de Desempeño 2 de la Corporación Financiera Internacional (que forma parte del Grupo del Banco Mundial), la cual reconoce que el objetivo del crecimiento económico a través de la creación de empleos debe también respetar la protección de los derechos fundamentales de los trabajadores. Además, las normas internacionales del trabajo tienen un impacto directo en sectores de alcance mundial como el transporte marítimo. Tales normas no se utilizan únicamente para elaborar la legislación marítima nacional de los Estados miembros, sino que sirven también como referencia para las inspecciones de los buques por parte del Estado rector del puerto y tienen una incidencia directa en los reglamentos y códigos de otros organismos internacionales, como la Organización Marítima Internacional.

- **Acuerdos de libre comercio**
  Un creciente número de acuerdos bilaterales y multilaterales de libre comercio, así como acuerdos regionales de integración económica, contienen disposiciones sociales relativas a los derechos de los trabajadores. En efecto, los acuerdos de libre comercio que contienen disposiciones relativas a los derechos de los trabajadores han aumentado significativamente en los dos últimos decenios: 70 acuerdos contenían dichas disposiciones en 2016, contra 58 en 2013, 21 en 2005 y 4 en 1995.[7] En las disposiciones relativas a los derechos de los trabajadores que figuran en los tratados de libre comercio se hace cada vez más referencia a los instrumentos de la OIT, en particular, a la *Declaración de la OIT relativa a los principios y derechos fundamentales en el trabajo de 1998* y, en el caso de los acuerdos

recientes de la Unión Europea (UE), también a los convenios de la OIT. Desde 2013, el 80 por ciento de los acuerdos que han entrado en vigor contienen tales disposiciones, comenzando por los acuerdos en los que participan la Unión Europea, los Estados Unidos o el Canadá. Con todo, este tipo de instrumento tuvo una aparición temprana. Por ejemplo, en el marco de la UE, el régimen especial de estímulo del desarrollo sostenible y la buena gobernanza (Sistema Generalizado de Preferencias – SGP+) concede ventajas suplementarias a los países que aplican determinadas normas internacionales relativas a los derechos de los trabajadores y a los derechos humanos. Desde la firma del Tratado de Libre Comercio de América del Norte (TLCAN) en 1992, complementado en 1994 con el Acuerdo de Cooperación Laboral de América del Norte (ACLAN) (cabe mencionar que este acuerdo fue completamente renegociado en octubre de 2018), los Estados Unidos han firmado varios acuerdos de libre comercio con diversos países, entre ellos, Chile, República de Corea, Marruecos, Jordania, Singapur y los países de América Central. En dichos acuerdos, los países signatarios reafirmaron su compromiso con la OIT y, en particular, en lo relativo al respeto y la promoción de la Declaración de la OIT relativa a los principios y derechos fundamentales en el trabajo de 1998. Más recientemente, en el Acuerdo de Libre Comercio entre el Japón y la Unión Europea, firmado en 2017 se hace referencia al Programa de Trabajo Decente y a la Declaración de la OIT sobre la justicia social para una globalización equitativa de 2008 como normas vinculantes para las partes, las cuales han de hacer todo lo posible para ratificar los ocho convenios fundamentales de la OIT. El Acuerdo también contiene disposiciones sobre la responsabilidad social de las empresas que remiten a la Declaración tripartita de la OIT sobre las empresas y las multinacionales y la política social.

- **Sociedad civil**
  Varias asociaciones de defensa de intereses y organizaciones no gubernamentales se valen de las normas internacionales del trabajo para propugnar cambios en las políticas, la legislación o las prácticas.

La función de las organizaciones de empleadores y de trabajadores

Las organizaciones de empleadores y de trabajadores desempeñan una función esencial en el sistema de las normas internacionales del trabajo, no sólo como usuarias, sino también como mandantes de la Organización. Sus representantes participan en la elección de los temas que se abordarán en las nuevas normas de la OIT, así como en la redacción de los textos. Sus votos pueden ser decisivos para determinar si la Conferencia Internacional del Trabajo adopta un nuevo proyecto de norma. Si se adopta un convenio, los empleadores y los trabajadores pueden alentar a un gobierno a que lo ratifique. el gobierno tiene la obligación de enviar periódicamente una memoria sobre su aplicación en la legislación y en la práctica (esto es igualmente válido para los protocolos). Estas memorias también se transmiten a las organizaciones de empleadores y de trabajadores, que pueden formular comentarios al respecto. Asimismo, las organizaciones de trabajadores y de empleadores pueden comunicar directamente a la OIT la información pertinente sobre la aplicación de los convenios de conformidad con el párrafo 2) del Artículo 23 de la Constitución de la OIT. Tales organizaciones podrán iniciar reclamaciones por violaciones a los convenios de la OIT, en virtud del procedimiento establecido en el Artículo 24 de la Constitución. En su calidad de mandantes de la Organización, también participan en los comités tripartitos que se ocupan de estas reclamaciones. Los delegados de los empleadores y de los trabajadores ante la Conferencia Internacional del Trabajo pueden igualmente presentar quejas, de conformidad con el Artículo 26 de la Constitución. Si un Estado Miembro ratifica el Convenio sobre la consulta tripartita (normas internacionales del trabajo), 1976 (núm. 144) (más de 144 países lo han hecho hasta la fecha), tiene la obligación de realizar consultas tripartitas a nivel nacional sobre los proyectos de instrumentos que serán objeto de debate en la Conferencia, instrumentos que deben presentarse a las autoridades competentes, las memorias sobre los convenios ratificados, las medidas relacionadas con los convenios que no hayan sido ratificados y las recomendaciones, y las propuestas de denuncia de los convenios.

Libertad sindical
Negociación colectiva
Trabajo forzoso
Trabajo infantil
Igualdad de oportunidades y de trato
Consulta tripartita
Administración del trabajo
Inspección del trabajo
Política del empleo
Promoción del empleo
Orientación y formación profesionales
Seguridad en el empleo
Política social
Salarios
Tiempo de trabajo
Seguridad y salud en el trabajo
Seguridad social
Protección de la maternidad
Trabajadores domésticos
Trabajadores migrantes
Gente de mar
Pescadores
Trabajadores portuarios
Pueblos indígenas y tribales
Otras categorías particulares de trabajadores

TEMAS COMPRENDIDOS EN LAS NORMAS INTERNACIONALES DEL TRABAJO

L as normas internacionales del trabajo responden a las necesidades y a los desafíos cada vez más importantes a los que se enfrentan los trabajadores en la economía mundial. En la sección siguiente se incluyen los temas que se abordan en esas normas y se presentan los convenios y recomendaciones pertinentes. Asimismo, se explican los problemas que existen actualmente en determinadas esferas y se puede apreciar de qué manera las normas internacionales del trabajo pueden contribuir a la búsqueda de soluciones. Por último, se destacan algunos ejemplos de cómo la aplicación de las normas internacionales del trabajo o los principios que en ellas se plasman han contribuido a mejorar una situación concreta.

En este capítulo se reseña una selección de importantes convenios y recomendaciones de la OIT. Tales reseñas se han realizado con fines informativos y no sustituyen la consulta de los textos oficiales. Han sido muchos los convenios y las recomendaciones que no se han reseñado, aunque sean importantes y se encuentren en vigor. Puede consultarse la lista completa de las normas de la OIT, por tema y categoría, que se encuentra en la página Web de la OIT (www.ilo.org/normes). Los ejemplos fueron seleccionados con fines ilustrativos y no se trata de poner de manifiesto un país o una situación en particular.

LIBERTAD SINDICAL

El principio de la libertad sindical constituye la esencia de los valores de la OIT: Está consagrado en la Constitución de la OIT (1919), en la Declaración de Filadelfia de la OIT (1944), y en la Declaración de la OIT relativa a los principios y derechos fundamentales en el trabajo (1998). Se trata también de un derecho proclamado en la Declaración Universal de los Derechos Humanos (1948). El derecho de sindicación y de constitución de sindicatos y organizaciones de empleadores y de trabajadores es el requisito necesario para la solidez de la negociación colectiva y del diálogo social. Sin embargo, la aplicación de estos derechos y principios siempre plantea dificultades en un gran número de países. En algunos países, determinadas categorías de trabajadores, entre ellos, los funcionarios, la gente de mar, y los trabajadores de las zonas francas industriales, se encuentran excluidas del derecho de sindicación, se suspenden ilegalmente las organizaciones de empleadores y de trabajadores, o se produce una injerencia en sus actividades, y, en algunos casos extremos, los sindicalistas son encarcelados o asesinados. Las normas de la OIT, junto con la labor del Comité de Libertad Sindical (véase la Sección 3) y otros mecanismos de control, contribuyen a la resolución de las dificultades que impiden la observancia de este derecho fundamental en todo el mundo.

Instrumentos pertinentes de la OIT

Convenio sobre la libertad sindical y la protección del derecho de sindicación, 1948 (núm. 87)

Este Convenio fundamental establece el derecho de los trabajadores y de los empleadores de constituir las organizaciones que estimen convenientes, así como el de afiliarse a las mismas sin autorización previa. Las organizaciones de trabajadores y de empleadores tienen el derecho a organizarse libremente, no están sujetas a disolución o suspensión por vía administrativa, y tienen el derecho de constituir federaciones y confederaciones, así como el de afiliarse a las mismas. Estas pueden afiliarse, a su vez, a organizaciones internacionales de trabajadores y de empleadores.

Convenio sobre el derecho de sindicación y de negociación colectiva, 1949 (núm. 98)

Este Convenio fundamental dispone que los trabajadores deberán gozar de una protección adecuada contra todo acto de discriminación antisindical, incluido el requisito de que un trabajador no se afilie a un sindicato o el de dejar de ser miembro de un sindicato o el de despedir a un trabajador a causa de su afiliación sindical o de su participación en actividades sindicales. Las organizaciones de trabajadores y de empleadores deberán gozar de una protección adecuada contra todo acto de injerencia de unas respecto de las otras. Se consideran actos de injerencia, sobre todo, la constitución de organizaciones de trabajadores dominadas por un empleador o una organización de empleadores, o sostener económicamente, o de otra forma, organizaciones de trabajadores, con el objeto de colocar a estas organizaciones bajo el control de un empleador o de una organización de empleadores. Este Convenio consagra asimismo el derecho a la negociación colectiva. (véase también el epígrafe «negociación colectiva»).

Convenio sobre los representantes de los trabajadores, 1971 (núm. 135)

Los representantes de los trabajadores de una empresa deberán gozar de una protección eficaz contra todo acto que pueda perjudicarlos, incluido el despido por motivo de su condición de representantes de los trabajadores, de sus actividades como tales, de su afiliación al sindicato, o de su participación en la actividad sindical; siempre que actúen de conformidad con las leyes, los convenios colectivos u otros acuerdos comunes en vigor. Los representantes de los trabajadores deberán disponer en la empresa de las facilidades apropiadas para permitirles el desempeño rápido y eficaz de sus funciones.

Convenio sobre las organizaciones de trabajadores rurales, 1975 (núm. 141)

Todas las categorías de trabajadores rurales, tanto si se trata de asalariados como de personas que trabajan por cuenta propia, tienen el derecho de constituir, sin autorización previa, las organizaciones que estimen convenientes, así como el de afiliarse a las mismas, con la sola condición de observar sus estatutos. Los principios de libertad sindical deberán respetarse plenamente; las organizaciones de trabajadores rurales deberán tener un carácter independiente y voluntario, y permanecer libres de toda injerencia, coerción o represión. La política nacional deberá facilitar el establecimiento y la expansión, con carácter voluntario, de organizaciones de trabajadores rurales fuertes e independientes, como medio eficaz de asegurar la participación de estos trabajadores en el desarrollo económico y social.

Convenio sobre las relaciones de trabajo en la administración pública, 1978 (núm. 151)

Los empleados públicos, tal y como los define el Convenio, gozarán de una protección adecuada contra los actos de discriminación antisindical en relación con su empleo y sus organizaciones gozarán de una completa independencia respecto de las autoridades públicas, así como de una adecuada protección contra todo acto de injerencia de una autoridad pública en su constitución, funcionamiento o administración (véase también más abajo bajo el apartado sobre la negociación colectiva).

La libertad sindical en el punto de mira

A pesar del reconocimiento de la libertad sindical como un derecho fundamental, los sindicatos y sus miembros siguen estando expuestos a graves violaciones de sus derechos. En su última publicación principal sobre «violaciones de los derechos sindicales» (2017), la Confederación Sindical Internacional (CSI) estimó que sindicalistas han tenido que enfrentarse a la violencia física y a amenazas en 59 países de todo el mundo (sobre un total de 139 países examinados).[8]

En 2017, fueron asesinados sindicalistas en los 11 países siguientes: Bangladesh, Brasil, Colombia, Filipinas, Guatemala, Honduras, Italia, Mauritania, México, Perú y Venezuela. También en 2017, la libertad de expresión y la libertad de reunión fueron violadas en 50 países. Por otra parte, en 84 países se excluyen a determinadas categorías de trabajadores de la legislación laboral. En 2014, la CSI creó un «Índice Global de los Derechos» en el que se clasifican 139 países sobre la base de 97 indicadores reconocidos internacionalmente para determinar dónde se protegen mejor los derechos de los trabajadores tanto en la legislación como en la práctica. Según esta clasificación, en 46 países los derechos sindicales no están garantizados, sobre todo por la ausencia de un Estado de derecho, en el que los trabajadores son objeto de prácticas laborales abusivas, comparado con un total de 32 países que se registró en 2014. La cuestión de la libertad de asociación no solo afecta a los trabajadores. A lo largo de los años, los empleadores han presentado quejas ante el Comité de Libertad Sindical, en particular, por injerencia ilegal en las actividades de sus organizaciones.

NEGOCIACIÓN COLECTIVA

La libertad sindical garantiza que los trabajadores y los empleadores puedan asociarse para negociar con eficacia las relaciones de trabajo. Al combinarse con una sólida libertad sindical, las buenas prácticas de la negociación colectiva garantizan que los empleadores y los trabajadores negocien en un plano de igualdad y que los resultados sean justos y equitativos. La negociación colectiva permite que ambas partes negocien unas relaciones de empleo justas, evitándose costosos conflictos laborales. Efectivamente, algunos estudios han indicado que los países en los que la negociación colectiva está muy coordinada tienden a tener menos desigualdades en los salarios, un desempleo más bajo y menos persistente, menos huelgas y más breves que los países en los que la negociación colectiva está menos organizada. Las buenas prácticas de negociación colectiva han sido en algunos casos uno de los elementos que ha permitido a algunos países sortear crisis financieras temporales. Las normas de la OIT fomentan la negociación colectiva y contribuyen a garantizar que las buenas relaciones laborales redunden en beneficio de todos.

Instrumentos pertinentes de la OIT

Convenio sobre el derecho de sindicación y de negociación colectiva, 1949 (núm. 98)

En este Convenio fundamental se establece que deberán adoptarse medidas adecuadas a las condiciones nacionales, cuando ello sea necesario, para estimular y fomentar entre empleadores u organizaciones de empleadores y las organizaciones de trabajadores, el pleno desarrollo y uso de procedimientos de negociación voluntaria, con objeto de establecer, por medio de convenios colectivos, las condiciones de empleo. (Véase también el apartado «libertad sindical»).

Convenio sobre las relaciones de trabajo en la administración pública, 1978 (núm. 151)

El Convenio promueve la negociación colectiva de los empleados públicos, o cualesquiera otros métodos que permitan a sus representantes la participación en la determinación de sus condiciones de empleo. En dicho convenio también se establece que los conflictos deberán resolverse a través de la negociación entre las partes o mediante procedimientos independientes e imparciales, como la mediación, la conciliación y el arbitraje.

Convenio sobre la negociación colectiva, 1981 (núm. 154)

Define la negociación colectiva y propugna su promoción en todas las ramas de la actividad económica, incluso en la administración pública.

La negociación colectiva en el sector textil en Jordania

Unos 65.000 trabajadores están empleados en el sector textil en Jordania; tres cuartas partes de ellos son trabajadores migrantes, principalmente de Asia Meridional y Asia Sudoriental.[9] Tras una serie de conflictos colectivos relacionados con las condiciones de vida y de trabajo, en mayo de 2013 se firmó un convenio colectivo sectorial. Este convenio general de dos años de duración, el primero de este tipo en Jordania, país que ha ratificado el Convenio núm. 98, supuso un gran avance en el uso de la negociación colectiva voluntaria para regular las condiciones de trabajo en el sector textil. El convenio colectivo ha sido revisado y renovado dos veces: primero en 2015 y luego de nuevo en 2017. Firmado entre dos asociaciones de empleadores -la Asociación de Exportadores de Prendas de Vestir, Accesorios y Textiles de Jordania (Jordan Garment, Accessories and Textiles Association - JGATE) y la Asociación de Propietarios de Fábricas, Talleres y del Vestido (Association of Owners of Factories, Workshops and Garments) con el Sindicato General de Trabajadores de las Industrias del Vestido y del Tejido (General Trade Union of Workers in Textile, Garment and Clothing Industries), el convenio ha conllevado cambios muy notables y tangibles, sobre todo en el sector del vestido: la introducción de una prima de antigüedad, la armonización de las principales condiciones de trabajo y empleo (salarios, prestaciones de seguridad social y pago de horas extraordinarias) entre los trabajadores migrantes y los nacionales jordanos, así como la prestación de atención médica de urgencia. La inclusión en el convenio de cláusulas que otorgan a los sindicatos acceso a fábricas y dormitorios ha facilitado la constitución de comités de trabajadores, la elección de dirigentes y la educación e información de los trabajadores sobre sus derechos y responsabilidades. Por tratarse de un convenio sectorial, este engloba a todos los trabajadores y empresas del sector del vestido.[10]

Derecho de asociación (agricultura) y organizaciones de trabajadores rurales: Dar una voz a los trabajadores rurales

En 2015, el Estudio General de la Comisión de Expertos en Aplicación de Convenios y Recomendaciones se centró en el Convenio sobre el derecho de asociación (agricultura), 1921 (núm. 11), el Convenio sobre las organizaciones de trabajadores rurales, 1975 (núm. 141), y la Recomendación sobre las organizaciones de trabajadores rurales, 1975 (núm. 149). Al centrar el Estudio General en estos instrumentos, la OIT pretendió hacer hincapié en el hecho de que los trabajadores agrícolas a menudo se ven privados del derecho a organizarse y celebrar negociaciones colectivas, y que los trabajadores rurales son especialmente vulnerables, ya que carecen de la protección jurídica adecuada y su acceso a los mecanismos de acción colectiva es limitado. Si bien la importancia mundial de la agricultura y la economía rural está bien establecida, existe poca información fiable y comparable (incluidos los datos desagregados por edad y sexo) sobre la naturaleza, el peso económico y la realidad, si no la magnitud, de este fenómeno, por la propia naturaleza de este sector. En concreto, las definiciones de economía rural, agricultura y trabajadores rurales o agrícolas difieren considerablemente de un país a otro, por lo que las comparaciones nacionales son a menudo poco fiables. De acuerdo con los datos de la OIT, alrededor del 40 por ciento de la población en edad de trabajar vive en zonas rurales, con diferencias sustanciales entre los países. La mayoría de estos trabajadores no tienen un empleo remunerado en la economía formal, sino que trabajan por cuenta propia o en tareas familiares no remuneradas, por ejemplo, en la agricultura, especialmente en la agricultura de subsistencia. En las zonas rurales, el empleo informal representa el 82,1 por ciento del empleo rural total y el 98,6 por ciento del empleo agrícola total. En cambio, solo el 24,5 por ciento de los trabajadores de las zonas urbanas trabajan en el sector informal. Casi ocho de cada diez trabajadores pobres que viven con menos de 1,25 dólares de los Estados Unidos al día viven en zonas rurales, lo que demuestra que la mayoría de los empleos rurales no garantizan a los trabajadores unos ingresos suficientes para alimentar adecuadamente a sus familias; los ingresos de los empleados rurales son en general inferiores a los de las zonas urbanas. Por último, menos del 20 por ciento de los trabajadores agrícolas tienen acceso a la protección social básica.

TRABAJO FORZOSO

A pesar de la condena universal, las estimaciones de la OIT muestran que 24,9 millones de personas son víctimas de trabajo forzoso en todo el mundo. Del total de víctimas, 20,8 millones (un 83 por ciento) son explotadas en la economía privada, por individuos o empresas privadas, y los 4,1 millones restantes (un 17 por ciento) están sujetas a modalidades de trabajo forzoso impuestas por el Estado. Entre los trabajadores explotados por personas o empresas privadas, 8 millones (un 19 por ciento) son víctimas de explotación sexual y 16 millones (un 64 por ciento) de trabajo forzoso. En la economía privada, el trabajo forzoso genera al año ganancias ilegales por valor de 150.000 millones de dólares de los Estados Unidos: dos tercios del total estimado (es decir, 99.000 millones de dólares de los Estados Unidos) provienen de la explotación sexual comercial, mientras que los otros 51.000 millones son el resultado del trabajo forzoso, en particular en el trabajo doméstico, la agricultura y demás actividades económicas.[11]

Aún se encuentran vestigios de esclavitud en algunas regiones de África, al tiempo que el trabajo forzoso bajo la forma de sistemas de contratación coercitivos existe en un gran número de países de América Latina, en determinadas regiones del Caribe y en otras partes del mundo. En muchos países, los trabajadores domésticos se ven atrapados en situaciones de trabajo forzoso y en muchos casos se les impide, mediante amenazas o violencia, dejar la casa de sus empleadores. La servidumbre por deudas persiste en Asia Meridional, donde millones de hombres, mujeres y niños se ven sometidos a realizar una labor en un círculo vicioso de deudas. En Europa y América del Norte, un número apreciable de mujeres y niños son víctimas de los traficantes que los venden a redes de prostitución forzada o de talleres de explotación. Por último, el trabajo forzoso sigue siendo un medio para castigar a quienes se han atrevido a expresar sus opiniones políticas.

Para muchos gobiernos, la eliminación del trabajo forzoso sigue constituyendo uno de los más importantes desafíos del siglo XXI. Además de representar una grave violación de un derecho humano fundamental, el trabajo forzoso es una de las principales causas de pobreza y un obstáculo para el desarrollo económico. Las normas de la OIT sobre el trabajo forzoso, juntamente con una asistencia técnica bien específica, son los principales instrumentos internacionales para combatir este flagelo.

Instrumentos pertinentes de la OIT

Convenio sobre el trabajo forzoso, 1930 (núm. 29)

Este convenio fundamental prohíbe todas las formas de trabajo forzoso u obligatorio. En dicho instrumento se define al trabajo forzoso como «todo trabajo o servicio exigido a un individuo bajo la amenaza de una pena cualquiera y para el cual dicho individuo no se ofrece voluntariamente». Se prevén excepciones para los trabajos exigidos en el marco del servicio militar obligatorio, que forman parte de las obligaciones cívicas normales, o que se deriven de una condena pronunciada por sentencia judicial (a condición de que dichos trabajos o servicios se efectúen bajo la supervisión y el control de las autoridades públicas y de que la persona no sea contratada por particulares, empresas o personas jurídicas ni quede a disposición de éstos), en casos de fuerza mayor o para la realización por parte de sus miembros de pequeñas obras para la comunidad de que se trate que redunden en beneficio directo de esta última. En el Convenio también se prevé que el trabajo forzoso u obligatorio ilegal debe ser castigado con sanciones penales y se pide a los Estados que lo hayan ratificado que velen por que las sanciones pertinentes previstas en la ley sean apropiadas y se apliquen con rigor.

Convenio sobre la abolición del trabajo forzoso, 1957 (núm. 105)

En este convenio fundamental se prohíbe el trabajo forzoso u obligatorio como medio de coerción o de educación política o como sanción por sostener o expresar determinadas opiniones políticas o por manifestar oposición ideológica al orden político, social o económico establecido; como método de movilización y de utilización de la mano de obra para el desarrollo económico; como medida de disciplina en el trabajo; como sanción por haber participado en huelgas; y como medida de discriminación racial, social, nacional o religiosa.

Si bien estos dos instrumentos se encuentran entre los que cuentan con mayor número de ratificaciones, la persistencia generalizada en las prácticas de trabajo forzoso revela la existencia de lagunas en su aplicación. Ello condujo al Consejo de Administración a solicitar a la Conferencia Internacional del Trabajo que organizara en junio de 2014 una discusión para examinar la adopción de un instrumento que complementara el Convenio núm. 29. El resultado de esa discusión fue la adopción de los siguientes instrumentos: **Protocolo de 2014 relativo al Convenio sobre el trabajo forzoso, 1930; Recomendación sobre el trabajo forzoso (medidas complementarias), 2014 (núm. 203).**

El Protocolo de 2014 sobre el trabajo forzoso es un instrumento jurídicamente vinculante tendiente a impulsar medidas de prevención, protección y reparación, así como a intensificar los esfuerzos para eliminar las formas contemporáneas de esclavitud. El Protocolo entró en vigor en noviembre de 2016 y ya había sido ratificado por 27 países al 30 de noviembre de 2018.

El trabajo forzoso en la práctica

Una política nacional clara contra el trabajo forzoso constituye un punto de partida fundamental de las acciones encaminadas a prevenir y reprimir el trabajo forzoso y proteger a sus víctimas. Una política de este tipo debería centrarse, en especial, en la identificación de los sectores y profesiones prioritarios, la concienciación de la opinión pública, el desarrollo y la coordinación de las capacidades institucionales, la protección de las víctimas, bridándoles acceso a la justicia y a una indemnización. Todos estos aspectos se plasmaron en el protocolo de 2014 y los Estados comienzan a informar sobre las medidas adoptadas en esas diferentes esferas. La Comisión de Expertos en Aplicación de Convenios y Recomendaciones ya ha tomado nota de las iniciativas adoptadas en un gran número de países para aplicar un criterio multisectorial y coordinado, sobre todo en la esfera de la lucha contra la trata de personas. A título de ejemplo cabe mencionar que:

– En El Salvador se aprobó la ley especial contra la trata de personas (Decreto núm. 824 del 16 de octubre de 2014). Esta ley se basa en una definición amplia del delito de trata de personas y en ella se establece que la política nacional contra la trata de personas se articulará en torno a los siguientes aspectos estratégicos: detección, prevención y sanción del delito de trata de personas, asistencia y protección integral de las víctimas y restitución de sus derechos, así como acciones de coordinación y cooperación.

– El Reino Unido sancionó en 2015 la Ley sobre la esclavitud moderna, en la que se definen los elementos constitutivos de los delitos de esclavitud, servidumbre, trabajo forzoso u obligatorio y trata de personas. En la ley también se prevé la creación de un comisionado independiente contra la esclavitud; se refuerzan las facultades de las autoridades encargadas de hacer cumplir la ley autorizando a los tribunales a dictar providencias preventivas, a decidir sobre la confiscación de bienes o a dictar resoluciones sobre resarcimiento contra los autores de delitos por las cuales estos últimos deberán pagar indemnizaciones a las víctimas; en ella también se ordena que los establecimientos mercantiles publiquen en forma anual una declaración en la que se indiquen las medidas adoptadas para erradicar de sus respectivas instalaciones y cadenas de suministro la esclavitud moderna.

TRABAJO INFANTIL

El trabajo infantil es una violación de los derechos humanos fundamentales, habiéndose comprobado que entorpece el desarrollo de los niños, y que potencialmente les produce daños físicos y psicológicos para toda la vida. Se ha demostrado que existe un fuerte vínculo entre la pobreza de los hogares y el trabajo infantil, y que el trabajo infantil perpetúa la pobreza durante generaciones, dejando a los hijos de los pobres fuera de la escuela y limitando sus posibilidades de ascender en la escala social. Este declive de los recursos humanos ha estado vinculado a un bajo crecimiento económico y a un desarrollo social lento. Recientes estudios de la OIT han puesto de manifiesto que la erradicación del trabajo infantil en las economías en transición y en desarrollo podría generar beneficios económicos netamente superiores a los costes relacionados especialmente con las inversiones encaminadas a incrementar los servicios sociales y la formación. Las normas fundamentales de la OIT sobre el trabajo infantil son los dos ejes jurídicos de la lucha mundial contra este flagelo.

Instrumentos pertinentes de la OIT

Convenio sobre la edad mínima, 1973 (núm. 138)

Este Convenio fundamental establece la edad mínima general para la admisión al trabajo o al empleo, en 15 años (13 para los trabajos ligeros) y la edad mínima para el trabajo peligroso, en 18 años (16 en determinadas condiciones estrictas). Asimismo, también se prevé la posibilidad de fijar inicialmente la edad mínima en 14 años (12 años para los trabajos ligeros) en los casos en que la economía y las instituciones educativas del país no estén debidamente desarrolladas.

Convenio sobre las peores formas de trabajo infantil, 1999 (núm. 182)

Este convenio fundamental define al «niño» como toda persona menor de 18 años. Requiere de los Estados que lo ratifiquen la erradicación de las peores formas de trabajo infantil, incluidas todas las formas de esclavitud o prácticas análogas a la esclavitud, entre ellas, la venta y la trata de niños, la servidumbre por deudas y la condición de siervo, y el trabajo forzoso u obligatorio, incluido el reclutamiento forzoso u obligatorio de niños para utilizarlos en conflictos armados; la prostitución y la pornografía infantiles; la utilización de niños para actividades ilícitas, en particular la producción y el tráfico de estupefacientes; y el trabajo que pueda dañar la salud, la seguridad o la moralidad de los niños. En este convenio se dispone que los Estados que lo ratifiquen deben brindar la asistencia directa necesaria y adecuada para librar a los niños de las peores formas de trabajo infantil y para su rehabilitación e integración social. Asimismo, establece que los Estados deberán garantizar a los niños que hayan sido librados de las peores formas de trabajo infantil el acceso gratuito a la educación básica y, siempre que sea posible y adecuado, a la formación profesional.

A la fecha, 171 países han ratificado el Convenio núm. 138 y 182 países han ratificado el Convenio núm. 182, por lo que solo se necesitan 5 ratificaciones para lograr la ratificación universal del Convenio núm. 182.

El trabajo infantil en cifras

La OIT estima que 152 millones de niños trabajan en el mundo, lo que representa casi 10 por ciento de la población infantil total. Aproximadamente 73 millones de niños de 5 a 17 años trabajan en condiciones peligrosas, de los cuales 35,4 millones tienen entre 5 y 14 años y 37,1 millones tienen entre 14 y 17 años. El sector agrícola es el sector con mayor predominio de trabajo infantil, ya que representa el 71 por ciento de todos los niños en situación de trabajo infantil, es decir 108 millones de niños. Si bien queda mucho por hacer, se han alcanzado algunos logros: el número de niños que trabajan disminuyó más de un tercio entre 2000 y 2016, lo que equivale a una reducción de aproximadamente 94 millones de niños.[12]

Por región, subsisten:

72,1 millones de niños en situación de trabajo infantil (entre 5 y 17 años) en África

62,1 millones de niños en situación de trabajo infantil en Asia y el Pacífico

10,7 millones de niños en situación de trabajo infantil en América

1,2 millones millones en los Estados árabe

5,5 millones en Europa y en Asia Central.

La lucha contra el trabajo infantil en ningún caso se limita a los países más pobres. Si bien en los países más pobres la incidencia del trabajo infantil es más elevada (el 19,4 por ciento de los niños de países de bajos ingresos están en situación de trabajo infantil, en comparación con el 8,5 por ciento de los países de ingresos medios-bajos, el 6,6 por ciento en los países de ingresos medios-altos y el 1,2 por ciento de los países de ingresos elevados) los países de ingresos medios exhiben el mayor número de niños en situación de trabajo infantil.

Las últimas estimaciones mundiales de la OIT sobre trabajo infantil revelan que los países de ingresos medios representan un total de 84 millones de niños en situación de trabajo infantil, en comparación con 65 millones en los países más pobres. Estas estadísticas indican claramente que, si los países más pobres necesitan una atención especial, la lucha contra el trabajo infantil no se podrá ganar centrándose solo en los países más pobres.

Las normas sobre el trabajo infantil en la práctica: La lucha contra el trabajo infantil en Uzbekistán y en el Brasil

El Convenio núm. 182 constituye un compromiso en la eliminación de las peores formas de trabajo infantil, incluida la utilización de niños en trabajos peligrosos. En 2008, Uzbekistán ratificó el Convenio núm. 182. Durante varios años, tanto la Comisión de Expertos en Aplicación de Convenios y Recomendaciones como la Comisión de Aplicación de Normas de la Conferencia habían señalado a la atención del Gobierno la situación del trabajo infantil forzoso en la producción de algodón, así como condiciones de trabajo peligrosas. En 2013, el Gobierno adoptó y aplicó un plan de medidas adicionales para la aplicación de los Convenios núms. 29 y 182. En 2015, el Consejo Nacional de Coordinación sobre el Trabajo Infantil estableció un mecanismo de seguimiento que recibe e investiga las denuncias. Por otra parte, el Consejo de Ministros, en su reunión de junio de 2016, prohibió el empleo de estudiantes menores de 18 años en la cosecha de algodón. Los resultados de las medidas conjuntas de vigilancia y supervisión emprendidas por la OIT y el Gobierno de Uzbekistán desde 2013 han demostrado que se ha avanzado considerablemente en la plena aplicación de la Convención. En general, el trabajo infantil ya no existe durante las cosechas de algodón. El Gobierno de Uzbekistán también se ha comprometido a mantenerse especialmente vigilante respecto de esta situación. El Convenio núm. 182 ha alcanzado casi la ratificación universal, lo que refleja el amplio consenso de que algunas formas de trabajo infantil requieren medidas urgentes.

Desde la ratificación del Convenio núm. 182 en 2000 y el Convenio núm. 138 en 2001, el Brasil ha logrado enormes avances en la eliminación del trabajo infantil. La actividad económica de los niños de entre 7 y 17 años de edad disminuyó de 19 a 5 por ciento entre los años 1992 y 2015, mientras que la escolarización aumentó de 80 a 95 por ciento.[13] Estos progresos se lograron mediante un enfoque sistemático e integrado que abarcó reformas políticas, un programa exitoso de transferencias monetarias condicionado a la asistencia escolar y el fortalecimiento de un cuerpo de inspectores del trabajo bien equipado y cualificado, incluso mediante el establecimiento de grupos de inspección móvil especial enfocado en los niños.

IGUALDAD DE OPORTUNIDADES Y DE TRATO

Ninguna sociedad está libre de discriminación. En efecto, la discriminación en el empleo y la ocupación es un fenómeno universal y en permanente evolución. En todo el mundo, se niega el acceso al trabajo y a la formación a millones de mujeres y de hombres, reciben salarios bajos o se ven confinados a determinados puestos de trabajo simplemente por motivos de género, color de la piel, origen étnico o creencias, sin tener en cuenta sus capacidades y cualificaciones. En algunos países desarrollados, por ejemplo, las trabajadoras ganan entre un 20 y un 25 por ciento menos que sus colegas de sexo masculino por la realización del mismo trabajo, lo que refleja un lento progreso en estas cuestiones en los últimos años. La protección contra la discriminación es un derecho humano fundamental y es esencial para que los trabajadores puedan escoger libremente su trabajo, desarrollen plenamente su potencial y se beneficien de sus esfuerzos en función de sus méritos. El hecho de que exista igualdad en el lugar de trabajo también conlleva beneficios económicos significativos. Para los empleadores, esto significa una mano de obra más numerosa, diversificada y de gran calidad y, para los trabajadores, un acceso más fácil a la formación y, a menudo, salarios más elevados. Los beneficios de una economía globalizada se distribuyen de manera más justa en una sociedad igualitaria, lo que conduce a una mayor estabilidad social y a que la población apoye más ampliamente un mayor desarrollo económico.[14] Las normas de la OIT sobre la igualdad aportan herramientas para eliminar la discriminación en todos los aspectos relativos al lugar de trabajo y en la sociedad en general. También proporcionan los cimientos sobre los que deben aplicarse las estrategias de integración en cuestiones de género en el ámbito del trabajo.

Instrumentos pertinentes de la OIT

Convenio sobre igualdad de remuneración, 1951 (núm. 100)

Este Convenio fundamental dispone que los Estados que lo ratifiquen deben garantizar a todos los trabajadores la aplicación del principio de igualdad de remuneración entre la mano de obra masculina y la mano de obra femenina por un trabajo de igual valor. El término «remuneración» comprende el salario o sueldo ordinario, básico o mínimo, y cualquier otro emolumento en dinero o en especie pagado por el empleador, directa o indirectamente, al trabajador en función de su empleo.

En su Estudio General de 2012 sobre los convenios fundamentales relativos a los derechos en el trabajo a la luz de la Declaración de la OIT sobre la justicia social para una globalización equitativa, 2008, la Comisión de Expertos reiteró los principios ya establecidos en su Observación General de 2007 relativa al Convenio sobre igualdad de remuneración, 1951 (núm. 100) con respecto al concepto de «trabajo de igual valor» y señaló que: «Si bien la igualdad de remuneración entre las mujeres y los hombres por un trabajo de igual valor es un principio ampliamente aceptado, el ámbito del concepto y su aplicación práctica pueden ser más difíciles de entender y aplicar en determinados países. (…) La Comisión ha observado que las dificultades en la aplicación del Convenio en la legislación y en la práctica se derivan sobre todo de la falta de comprensión del concepto de «trabajo de igual valor». Sin embargo, esta noción es la esencia misma del derecho fundamental de hombres y mujeres a la igualdad de remuneración por un trabajo de igual valor y a la promoción de la igualdad.

Observando que numerosos países todavía tienen disposiciones jurídicas que son más restrictivas que el principio establecido en el Convenio, ya que no plasman jurídicamente el concepto de «trabajo de igual valor» y que dichas disposiciones obstaculizan el progreso hacia la erradicación de la discriminación salarial basada en el género, la Comisión de Expertos insta de nuevo a los gobiernos de esos países a que adopten las medidas necesarias para enmendar su legislación.

Dicha legislación no sólo debería prever la igualdad de remuneración por un trabajo que sea igual, el mismo o similar, sino que también debería prohibir la discriminación salarial en situaciones en las que hombres y mujeres realizan trabajos diferentes pero que, sin embargo, son de «igual valor». Para determinar si se trata de un trabajo de igual valor es necesario adoptar un método determinado de medición y comparación del valor relativo de los diversos empleos, tomando en cuenta factores tales como capacidades, responsabilidades y condiciones de trabajo.

Sin embargo, el Convenio no prescribe un método específico para realizar esta evaluación de los empleos. Por lo tanto, esto queda a criterio de las autoridades en el ámbito nacional.

Convenio sobre la discriminación (empleo y ocupación), 1958 (núm. 111)
Este convenio fundamental define la discriminación como «cualquier distinción, exclusión o preferencia basada en motivos de raza, color, sexo, religión, opinión política, ascendencia nacional u origen social, que tenga por efecto anular o alterar la igualdad de oportunidades o de trato en el empleo y la ocupación». En el convenio también se prevé la posibilidad de ampliar la lista de motivos prohibidos previa consulta con los representantes de las organizaciones de trabajadores y empleadores y organismos pertinentes. En los últimos años, las legislaciones nacionales han incluido una amplia gama de motivos prohibidos adicionales de discriminación, entre ellos, el estado serológico real o supuesto respecto del VIH, la edad, la discapacidad, la nacionalidad, la orientación sexual y la identidad de género. En el convenio se contempla la discriminación en relación con el acceso a la educación y la formación profesional, el acceso al empleo y a determinadas ocupaciones, así como las condiciones de empleo. En él también se dispone que los Estados que lo hayan ratificado formulen y lleven a cabo una política nacional que promueva, mediante métodos adecuados a las condiciones y a la práctica nacionales, la igualdad de oportunidades y de trato en materia de empleo y ocupación, con objeto de eliminar cualquier discriminación al respecto. Tales políticas y las medidas adoptadas en consecuencia deben ser continuamente evaluadas y revisadas con el fin de garantizar que sigan siendo adecuadas y efectivas en un contexto en cambio constante.

En su Estudio General de 2012, la Comisión de Expertos destacó que «el Convenio exige que la política nacional en materia de igualdad sea eficaz. Por consiguiente, dicha política debería estar claramente formulada, lo que implica que se elaboren programas, si no se han creado ya, se deroguen o modifiquen todas las legislaciones y prácticas administrativas discriminatorias, se aborden los comportamientos estereotipados y las actitudes perjudiciales, se promueva un clima de tolerancia y se instaure un sistema de control. Las medidas para abordar la discriminación, en la legislación y en la práctica, deberían ser concretas y específicas. Deberían contribuir de manera efectiva a la eliminación de la discriminación directa o indirecta y a la promoción de la igualdad de oportunidades y de trato para todas las categorías de trabajadores, en todos los sectores de empleo y de ocupación y con respecto a todos los motivos de discriminación abarcados por el Convenio. Es posible que sea necesario dar un trato diferenciado a algunos grupos para eliminar la discriminación y lograr una igualdad sustantiva para todos los grupos abarcados por el Convenio.»

Convenio sobre los trabajadores con responsabilidades familiares, 1981 (núm. 156)

Con el objetivo de crear las condiciones efectivas para lograr la igualdad de oportunidades y de trato entre trabajadores y trabajadoras, en el convenio se establece que los Estados que lo ratifiquen deberán incluir, entre sus objetivos de política nacional, aquellas medidas encaminadas a permitir que las personas con responsabilidades familiares que desempeñen o deseen desempeñar un empleo, ejerzan su derecho a hacerlo sin ser objeto de discriminación y, en la medida de lo posible, sin conflicto entre sus responsabilidades familiares y profesionales. Establece asimismo que los gobiernos tengan en cuenta las necesidades de los trabajadores con responsabilidades familiares en la planificación de las comunidades locales o regionales y desarrollen y promuevan servicios comunitarios, públicos o privados, como, por ejemplo, los servicios y los medios de asistencia a la infancia y a las familias.

Además de estas normas, muchos otros instrumentos de la OIT incluyen disposiciones sobre la igualdad en relación con el tema específico que abarcan.

CONSULTA TRIPARTITA

La OIT se basa en el principio del tripartismo – diálogo y cooperación entre los gobiernos, los empleadores y los trabajadores – al formular las normas y las políticas orientadas al tratamiento de los asuntos laborales. Las normas internacionales del trabajo se crean y controlan a través de una estructura tripartita que propicia que la OIT sea única en el sistema de las Naciones Unidas. Al adoptar las normas, el enfoque tripartito garantiza que estas sean ampliamente apoyadas por todos los mandantes de la OIT.

El tripartismo respecto de las normas de la OIT también es importante en el plano nacional. A través de consultas tripartitas regulares, los gobiernos pueden garantizar que las normas de la OIT se formulen, se apliquen y se controlen con la participación de empleadores y de trabajadores. Las normas de la OIT sobre la consulta tripartita establecen el marco para unas consultas tripartitas nacionales eficaces. Tales consultas pueden garantizar una mayor cooperación entre los interlocutores sociales, una mayor concienciación sobre las cuestiones relacionadas con las normas internacionales del trabajo y una mayor participación en las mismas, y pueden conducir a una mejor gobernanza y a una más vigorosa cultura del diálogo social en asuntos sociales y económicos más vastos.

Debido a la importancia del tripartismo, la OIT considera una prioridad la ratificación y la aplicación del Convenio sobre la consulta tripartita (normas internacionales del trabajo), 1976 (núm. 144). Asimismo, en la *Declaración de la OIT sobre la justicia social para una globalización equitativa 2008* se puso de relieve el rol esencial de este instrumento (de igual modo que el de los otros tres convenios núms. 81, 122 y 129) desde el punto de vista de la gobernanza.

Instrumentos pertinentes de la OIT

Convenio sobre la consulta tripartita (normas internacionales del trabajo), 1976 (núm. 144)

En este convenio de gobernanza se establece el significado de «organizaciones representativas de empleadores y de trabajadores», y se dispone que los Estados que lo hayan ratificado pongan en práctica procedimientos que aseguren consultas efectivas entre los representantes del gobierno, de los empleadores y de los trabajadores, sobre los asuntos relacionados con los puntos del orden del día de la Conferencia Internacional del Trabajo, sumisiones a las autoridades nacionales competentes de las nuevas normas adoptadas por la OIT, un nuevo examen de los convenios no ratificados y de las recomendaciones, de las memorias sobre los convenios ratificados, y las propuestas de denuncia de los convenios ratificados. Los empleadores y los trabajadores estarán representados en un plano de igualdad en todo organismo a través del cual se lleven a cabo las consultas, y estas deberán celebrarse al menos una vez al año.

Las normas de la OIT en la práctica: el diálogo social en Túnez, Djibouti y Filipinas

En febrero de 2013, poco tiempo después de la adopción de su nueva Constitución y justo un año después de la firma del contrato social entre el Gobierno de Túnez, la Unión Tunecina de la Industria, el Comercio y la Artesanía (UTICA) y la Unión General Tunecina del Trabajo (UGTT), Túnez se convirtió en el 136° Estado Miembro en haber ratificado el Convenio núm. 144. Algunos años después de los acontecimientos que dieron lugar a la «Primavera Árabe», se espera que esta ratificación marque el comienzo de una era prometedora para el desarrollo del tripartismo y el diálogo social como un elemento clave de la democracia. Tras las consultas tripartitas celebradas en 2016, los agentes tripartitos de Djibouti decidieron por unanimidad ratificar el Convenio sobre el trabajo marítimo, 2006 (CTM, 2006), y el Protocolo de 2014 relativo al Convenio sobre el trabajo forzoso, 1930, que fueron ratificados efectivamente en 2018. En Filipinas, amplias consultas tripartitas condujeron a la ratificación en 2017 del Convenio sobre las relaciones de trabajo en la administración pública, 1978 (núm. 151).

ADMINISTRACIÓN DEL TRABAJO

Las normas internacionales del trabajo generalmente se aplican a través de la legislación y de las políticas nacionales. Por consiguiente, es vital que cada país mantenga un sistema de administración del trabajo viable y activo, con competencias en todos los aspectos de la formulación y de la aplicación de las políticas laborales nacionales. Además de promover diversos sistemas de administración del trabajo, las normas de la OIT promueven, al mismo tiempo, la compilación de estadísticas del trabajo, que son una valiosísima herramienta para determinar las necesidades y formular políticas laborales, tanto en el plano nacional como internacional. Si bien en la mayor parte de los países del mundo existe una administración del trabajo, muchas de ellas tienen que hacer frente a dificultades financieras y materiales. En consecuencia, se requiere una adecuada financiación de los sistemas de administración del trabajo, con el fin de mantener y robustecer en todo el mundo esta importante herramienta para el desarrollo.

Instrumentos pertinentes de la OIT

Convenio sobre la administración del trabajo, 1978 (núm. 150)

Dispone que los Miembros que lo ratifiquen deberán garantizar, en forma apropiada a las condiciones nacionales, la organización y un funcionamiento eficaz en su territorio de un sistema de administración del trabajo, cuyas funciones y responsabilidades estén adecuadamente coordinadas. El sistema de administración del trabajo será responsable de la formulación, aplicación y supervisión de las normas nacionales del trabajo, del desarrollo del empleo y de los recursos humanos, de los estudios, investigaciones y estadísticas sobre el trabajo, y deberá apoyar las relaciones laborales. Deberá garantizarse asimismo la participación de trabajadores y empleadores, y de sus organizaciones respectivas, en la formulación de las políticas nacionales del trabajo. El personal de la administración del trabajo deberá tener la función, los medios materiales y los recursos financieros necesarios para el desempeño eficaz de sus funciones.

Convenio sobre estadísticas del trabajo, 1985 (núm. 160)

En virtud de este convenio todo Miembro que lo ratifique tiene la obligación de recoger, compilar y publicar regularmente estadísticas básicas del trabajo, que, según sus recursos, se ampliarán progresivamente para abarcar las siguientes materias: población económicamente activa, empleo, desempleo, y, cuando sea posible, subempleo visible; estructura y distribución de la población económicamente activa, ganancias medias y horas medias de trabajo (horas realmente trabajadas u horas remuneradas) y, si procediere, tasas de salario por tiempo y horas normales de trabajo; estructura y distribución de los salarios; costo de la mano de obra; índices de precios al consumo; gastos de los hogares o, en su caso, gastos de las familias y, de ser posible, ingresos de los hogares o, en su caso, ingresos de las familias; accidentes profesionales y, en la medida de lo posible, enfermedades profesionales; y conflictos de trabajo.

INSPECCIÓN DEL TRABAJO

Una aplicación adecuada de la legislación del trabajo depende de una eficaz inspección del trabajo. Los inspectores del trabajo examinan cómo se aplican las normas nacionales del trabajo en el lugar de trabajo y aconsejan a los empleadores y a los trabajadores respecto de la manera de mejorar la aplicación de la legislación nacional en cuestiones tales como el tiempo de trabajo, los salarios, la seguridad y la salud en el trabajo y el trabajo infantil. Además, los inspectores del trabajo señalan a las autoridades nacionales las lagunas y deficiencias de la legislación nacional. Desempeñan la importante función de garantizar que la legislación del trabajo se aplique de modo igualitario a todos los empleadores y trabajadores. Debido a que la comunidad internacional reconoce la importancia de la inspección del trabajo, la OIT ha hecho de la promoción de la ratificación de dos Convenios sobre la inspección del trabajo (núms. 81 y 129) una prioridad. Hasta ahora, 145 países (cerca del 80 por ciento de los Estados Miembros de la OIT) han ratificado el Convenio sobre la inspección del trabajo, 1947 (núm. 81) y 53 han ratificado el Convenio núm. 129.

Sin embargo, siguen presentándose desafíos en aquellos países en los que los sistemas de inspección del trabajo tienen pocos fondos y poco personal, por lo que se ven imposibilitados de realizar su trabajo. Algunas estimaciones indican que en algunos países en desarrollo, menos del 1 por ciento del presupuesto nacional se asigna a la administración del trabajo, del cual los sistemas de inspección del trabajo solo reciben una pequeña fracción. Otros estudios demuestran que los costos derivados de los accidentes laborales y de las enfermedades profesionales, del absentismo, del abuso de los trabajadores y de los conflictos laborales, pueden ser aún más elevados. La inspección del trabajo puede contribuir a evitar estos problemas y, por tanto, a estimular la productividad y el desarrollo económico.

Instrumentos pertinentes de la OIT

Convenio sobre la inspección del trabajo, 1947 (núm. 81)

En este convenio de gobernanza se establece que los Estados que lo hayan ratificado deberán mantener un sistema de inspección del trabajo en los establecimientos industriales y comerciales; los Estados podrán exceptuar a las empresas mineras y de transporte. En él también se consagra una serie de principios respecto de la determinación de las esferas de la legislación que abarca la inspección del trabajo, las funciones y la organización del sistema de inspección, los criterios de contratación, el estatus y las condiciones de servicio de los inspectores del trabajo y sus competencias y obligaciones. Los servicios de inspección del trabajo deben publicar y comunicar a la OIT un informe anual precisando su funcionamiento sobre determinadas cuestiones.

Protocolo de 1995 relativo al Convenio sobre la inspección del trabajo, 1947 (núm. 81)

Todo Estado que ratifique este protocolo, deberá ampliar la aplicación de las disposiciones del Convenio sobre la inspección del trabajo, 1947 (núm. 81) a los lugares de trabajo considerados como no comerciales, lo que significa ni industriales ni comerciales en el sentido del Convenio. También permite que los Estados ratificantes adopten disposiciones especiales relativas a la inspección de los servicios públicos enumerados.

Convenio sobre la inspección del trabajo (agricultura), 1969 (núm. 129)

Con un contenido similar al del Convenio núm. 81, este convenio de gobernanza establece que los Estados que lo ratifiquen deberán establecer y mantener un sistema de inspección del trabajo en la agricultura. También pueden extender la cobertura de la inspección del trabajo a los arrendatarios que no empleen mano de obra externa, aparceros y categorías similares de trabajadores agrícolas; personas que participen en una empresa económica colectiva, como los miembros de cooperativas; o a los miembros de la familia del productor de la empresa agrícola, según los defina la legislación o la reglamentación nacional.

Inspección del trabajo y economía informal

La economía informal representa más de la mitad de la fuerza laboral y más del 90 por ciento de las muy pequeñas y pequeñas empresas del mundo. En ella se da cabida a una gran variedad de situaciones, tanto de empleadores como de trabajadores, la mayoría de los cuales pertenecen a la economía de subsistencia, en particular en los países en desarrollo. En estos países, la protección reglamentaria puede no aplicarse jurídica o efectivamente a las unidades económicas informales y a sus trabajadores; además, los escasos recursos de los órganos reglamentarios y los problemas particulares relacionados con la economía informal también pueden llevar a los gobiernos a centrar sus esfuerzos únicamente en las empresas formales.

En junio de 2015, los mandantes de la OIT, reconociendo que el tamaño de la economía informal, en todas sus formas, constituye un obstáculo importante para los derechos de los trabajadores, incluidos los principios y derechos fundamentales del trabajo, la protección social, las condiciones de trabajo decente, el desarrollo inclusivo y el imperio de la ley, y que repercute negativamente en el desarrollo de las empresas sostenibles, los ingresos públicos, el alcance del accionar del Estado, incluidas las políticas económicas, sociales y medioambientales, así como la solidez de las instituciones y la competencia leal en los mercados nacionales e internacionales, adoptaron en la Conferencia Internacional del Trabajo la **Recomendación sobre la transición de la economía informal a la economía formal (núm. 204)**.

Formulación de principios de deontología para los servicios de inspección del trabajo

Desde el 2017, en Francia ha entrado en vigor el decreto sobre el código deontológico de los servicios públicos de inspección del trabajo. Ese código ha consolidado las normas éticas aplicables a los inspectores y se refiere específicamente a los Convenios núms. 81 y 129. Por una parte, recoge principios y normas éticas aplicables a todos los trabajadores de la función pública y, por otra parte, los principios y normas específicos de la inspección del trabajo, habida cuenta de la naturaleza de sus misiones y competencias, con el fin de garantizar la confianza de los usuarios, afianzar la legitimidad del servicio, así como la protección de los ciudadanos, del servicio público y de cada uno de sus agentes.

POLÍTICA DE EMPLEO

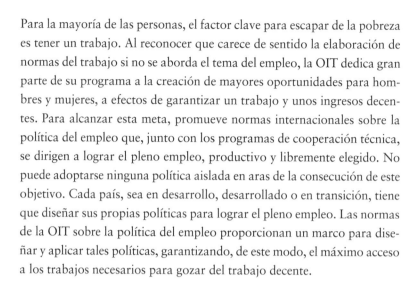

Para la mayoría de las personas, el factor clave para escapar de la pobreza es tener un trabajo. Al reconocer que carece de sentido la elaboración de normas del trabajo si no se aborda el tema del empleo, la OIT dedica gran parte de su programa a la creación de mayores oportunidades para hombres y mujeres, a efectos de garantizar un trabajo y unos ingresos decentes. Para alcanzar esta meta, promueve normas internacionales sobre la política del empleo que, junto con los programas de cooperación técnica, se dirigen a lograr el pleno empleo, productivo y libremente elegido. No puede adoptarse ninguna política aislada en aras de la consecución de este objetivo. Cada país, sea en desarrollo, desarrollado o en transición, tiene que diseñar sus propias políticas para lograr el pleno empleo. Las normas de la OIT sobre la política del empleo proporcionan un marco para diseñar y aplicar tales políticas, garantizando, de este modo, el máximo acceso a los trabajos necesarios para gozar del trabajo decente.

Instrumento pertinente de la OIT

Convenio sobre la política del empleo, 1964 (núm. 122)
En este convenio de gobernanza se establece que los Estados que lo hayan ratificado deben formular y llevar a cabo una política activa concebida para fomentar el pleno empleo, productivo y libremente elegido. Tal política deberá encaminarse a garantizar que haya trabajo para todas las personas que estén disponibles y que busquen trabajo; que ese trabajo sea tan productivo como sea posible; que haya libertad para escoger empleo; y que cada trabajador tenga todas las posibilidades de adquirir la formación necesaria para ocupar el empleo que le convenga y de utilizar, en ese empleo, la formación y las facultades que posea, sin que se tenga en cuenta su raza, color, sexo, religión, opinión política, ascendencia nacional u origen social. Por otra parte, en la Recomendación sobre la política del empleo (disposiciones complementarias) (núm. 169), 1984, se dispone que las políticas, planes y programas económicos y sociales elaborados para promover el pleno empleo, productivo y libremente elegido deben tener por objeto garantizar la igualdad de oportunidades y de trato para todos los trabajadores en lo tocante al acceso a un empleo, las condiciones de empleo, la orientación, la formación y la promoción profesionales. En la recomendación se pide además a los Estados que, teniendo en cuenta las dificultades con que tropiezan algunos grupos desfavorecidos para encontrar empleo, adopten medidas para atender las necesidades de todas las categorías de personas que puedan tener dificultades para encontrar un empleo sostenible, en particular las mujeres, los jóvenes, las personas con discapacidad, las personas de edad, los desempleados de larga data y los

trabajadores migrantes regulares. Esta política deberá tener debidamente en cuenta el nivel y la etapa de desarrollo económico, así como las relaciones mutuas existentes entre los objetivos del empleo y otros objetivos económicos y sociales, y será aplicada a través de métodos adecuados a las condiciones y prácticas nacionales. Los Estados que han ratificado el Convenio núm. 122 también deben adoptar las medidas necesarias para aplicar una política de empleo previa consulta con los representantes de los empleadores y de los trabajadores y con los representantes de los sectores a los que conciernen las medidas que se han de adoptar.

Recomendación sobre la relación de trabajo, 2006 (núm. 198)

El objetivo de esta recomendación es proteger a los trabajadores que tienen dificultades para establecer la existencia de una relación laboral cuando los derechos y obligaciones de las partes interesadas son inciertos, cuando se ha intentado disimular la relación laboral o, cuando existen deficiencias o limitaciones en la legislación, su interpretación o aplicación. En concreto, en la recomendación se prevé la adopción de una política nacional para garantizar la protección efectiva de los trabajadores que ejercen sus actividades en el marco de una relación laboral.

En junio de 2017, los mandantes de la OIT reconociendo la importancia del empleo y el trabajo decente en la promoción de la paz, la prevención de situaciones de crisis como consecuencia de conflictos y desastres, la facilitación de la recuperación y el fomento de la resiliencia, y recalcando la necesidad de velar por que se respeten todos los derechos humanos y el imperio de la ley, incluidos el respeto de los principios y derechos fundamentales en el trabajo y de las normas internacionales del trabajo, especialmente los derechos y principios relativos al empleo y al trabajo decente, adoptaron en la Conferencia Internacional del Trabajo la **Recomendación sobre el empleo y el trabajo decente para la paz y la resiliencia, (núm. 205)**.

El Programa Global de Empleo
y seguimiento de la Declaración sobre la Justicia Social de 2008

En 2003, el Consejo de Administración de la OIT aprobó el Programa Global de Empleo, en el que se establecen diez elementos fundamentales para el desarrollo de una estrategia global de promoción del empleo. Estos incluyen estrategias económicas como la promoción del comercio y la inversión en los países en desarrollo para fomentar el empleo productivo y el acceso a los mercados de estos países, al igual que un desarrollo sostenible encaminado a asegurar medios de vida sostenibles y la integración de directrices estratégicas en las políticas macroeconómicas. Otros elementos cardinales incluyen estrategias que se basan sobre las normas internacionales del trabajo, como la promoción de las cooperativas y de las pequeñas y medianas empresas, formación y educación, la protección social, la seguridad y la salud en el trabajo, la igualdad y la negociación colectiva.[15] Las acciones de seguimiento de la Declaración de la OIT sobre la justicia social para una globalización equitativa incluyen un sistema de discusiones recurrentes por parte de la Conferencia Internacional del Trabajo. Como respuesta a la exigencia establecida por la Declaración sobre la justicia social de adoptar un enfoque integrado con el fin de ayudar a los Estados Miembros a lograr los objetivos de la OIT, se decidió que la OIT prepararía un informe recurrente para que fuese debatido en la Conferencia Internacional del Trabajo. En noviembre de 2008, el Consejo de Administración decidió que los objetivos estratégicos debían debatirse de manera recurrente. Hasta el presente, ha habido dos debates recurrentes en la Conferencia Internacional del Trabajo sobre el objetivo estratégico del empleo. El primer debate tuvo lugar en 2010, sobre « Políticas de empleo para la justicia social y una globalización equitativa». El segundo debate recurrente sobre el empleo tuvo lugar en 2014, cuando la Conferencia debatió el tema «Políticas de empleo para una recuperación y un desarrollo sostenibles». La próxima discusión recurrente sobre el empleo tendrá lugar en 2021.

PROMOCIÓN DEL EMPLEO

El Convenio núm. 122 establece el objetivo del pleno empleo, productivo y libremente elegido. Otros instrumentos de la OIT propugnan estrategias para lograr este objetivo. Tanto los servicios de empleo (públicos y privados), como el empleo de las personas inválidas, las pequeñas y medianas empresas y las cooperativas, desempeñan una función de relieve en la creación de empleo. Las normas de la OIT sobre estas cuestiones aportan directrices sobre cómo utilizar estos medios de una forma que resulte eficaz para la creación de empleo.

Instrumentos pertinentes de la OIT

Convenio sobre el servicio del empleo, 1948 (núm. 88)

En este convenio se establece que los Estados que lo hayan ratificado deberán establecer y mantener un servicio público y gratuito de empleo, compuesto por un sistema de oficinas nacionales que funcionen controladas por una autoridad nacional. La estrecha relación entre los Convenios núms. 88 y 122 se pone de manifiesto en el artículo 1, apartado 2, del Convenio núms. 88, en el que se establece que «[l]a función esencial del servicio del empleo, en cooperación, cuando fuere necesario, con otros organismos interesados, públicos y privados, deberá ser la de lograr la mejor organización posible del mercado del empleo, como parte integrante del programa nacional destinado a mantener y garantizar el sistema del empleo para todos y a desarrollar y utilizar los recursos de la producción». El servicio público de empleo debería ayudar a los trabajadores a encontrar un empleo adecuado y a los empleadores a contratar a trabajadores que se adapten a las necesidades de las empresas. En el convenio se prevén medidas especiales para satisfacer las necesidades de determinadas categorías de personas, como las personas con discapacidad y los jóvenes.

Convenio sobre la readaptación profesional y el empleo (personas inválidas), 1983 (núm. 159)

En este convenio se definen los principios de las políticas nacionales relativas a la rehabilitación profesional y el empleo de las personas con discapacidad y se contempla la adopción de medidas para crear y evaluar servicios de orientación y formación profesionales, de colocación y de empleo para las personas con discapacidad. La política nacional debe tener por objeto garantizar que todas las categorías de personas con discapacidad tengan acceso a medidas adecuadas de rehabilitación profesional y promover sus oportunidades de empleo en el libre mercado de trabajo. Esa política ha de basarse en el principio de igualdad de oportunidades entre las personas con discapacidad y los trabajadores en general. En el convenio también se prevé que las organizaciones de empleadores y de trabajadores, así como las organizaciones que representan a las personas con discapacidad, deberían ser consultadas sobre la aplicación de la política.

Convenio sobre las agencias de empleo privadas, 1997 (núm. 181)

En este convenio se establece que los Estados que lo hayan ratificado deberán garantizar que las agencias de empleo privadas respeten el principio de no discriminación. En él también se dispone la cooperación entre los servicios de empleo públicos y privados, los principios generales para proteger a los demandantes de empleo de las prácticas poco éticas o inapropiadas, y la protección de los trabajadores subcontratados y de los trabajadores contratados en el extranjero. También se aplica a las agencias de trabajo temporal.

Recomendación sobre los trabajadores de edad, 1980 (núm. 162)

Recomienda que los trabajadores de edad deberían, sin discriminación debido a su edad, gozar de igualdad de oportunidades y de trato en el empleo.

Recomendación sobre la creación de empleo en las pequeñas y medianas empresas, 1998 (núm. 189)

Propone que los Estados Miembros adopten medidas que se ajusten de forma adecuada a las condiciones y a las prácticas nacionales, con el fin de promover a las pequeñas y medianas empresas en relación con su importancia en la promoción del empleo y del crecimiento económico sostenible.

Recomendación sobre la promoción de las cooperativas, 2002 (núm. 193)

Tiene como objetivo promover las cooperativas, especialmente en relación con su función de creación de empleo, de movilización de recursos y de generación de inversiones.

Garantizar el acceso al empleo de los trabajadores con discapacidades

Diversos Estados Miembros que han ratificado el Convenio núm. 159 han adoptado políticas nacionales sobre rehabilitación profesional y empleo de personas con discapacidad y diversas leyes, tras celebrar consultas con los interlocutores sociales y los representantes de las organizaciones de personas con discapacidad. Por ejemplo, Irlanda adoptó una estrategia global de empleo para las personas con discapacidad en 2015. El Japón y Mongolia también han aprobado diversas leyes para eliminar la discriminación contra personas con discapacidad.

Por otra parte, el programa irlandés *Workway* fue el primer proyecto en Europa que adoptó un enfoque de asociación para abordar el alto nivel de desempleo entre las personas con discapacidad. Ese programa se creó en 2001 como parte del Programa de Prosperidad y Equidad. *Workway* tiene como objetivo concienciar y promover el empleo de personas con discapacidad en el sector privado. Con el fin de alcanzar estos objetivos, el programa funciona como redes tripartitas locales establecidas en las cuatro regiones de Irlanda. Está financiado por el gobierno y la Unión Europea.

El tripartismo y el diálogo social han ocupado un lugar central en los esfuerzos que llevó a cabo Islandia mediante la promulgación de una ley especial sobre discapacidad y la creación de un fondo de rehabilitación profesional (VIRK). Los orígenes de esta legislación se remontan a los convenios colectivos de 2008. En ella se incluyen disposiciones sobre el desarrollo de nuevos mecanismos de rehabilitación para los trabajadores que, como consecuencia de una larga enfermedad o de un accidente, tienen una capacidad de trabajo reducida. El fondo se creó para dar efecto a un acuerdo entre los interlocutores sociales para imponer una nueva contribución a los empresarios.

El empleo de los jóvenes: Desafíos y perspectivas

En la discusión general celebrada por la Conferencia Internacional del Trabajo en 2012 se examinaron la magnitud y las características de la crisis del empleo juvenil. Se analizaron en particular las elevadas tasas de desempleo y subempleo, el deterioro de la calidad de los puestos de trabajo disponibles para los jóvenes, su desvinculación del mercado de trabajo y la evolución lenta y difícil hacia el trabajo decente. Como resultado de esta discusión, se adoptó una Resolución que exhorta a emprender una acción específica, inmediata y renovada para enfrentar la crisis del empleo juvenil. La Resolución de la CIT reconoció que las normas internacionales del trabajo son importantes para proteger los derechos de los trabajadores jóvenes. También contiene un anexo en el que se enumeran las normas internacionales del trabajo pertinentes para la cuestión de los jóvenes y el empleo. En esa resolución también se incluyó una lista de normas internacionales del trabajo relacionadas con el trabajo y los jóvenes. Los datos del informe *Tendencias mundiales del empleo juvenil 2017* indican que los jóvenes tienen tres veces más probabilidades que los adultos de estar desempleados. Cuando los hombres y mujeres jóvenes encuentran trabajo, la calidad del trabajo es preocupante, y los jóvenes tienen el doble de probabilidades de encontrar trabajos precarios. La Comisión de Expertos en Aplicación de Convenios y Recomendaciones destacó que los problemas que enfrentan los jóvenes para encontrar un trabajo sostenible se agravan en el caso de las categorías de jóvenes más expuestas a las carencias en materia de trabajo decente, como las mujeres jóvenes, que por lo general tienen una tasa de desempleo más elevada que los hombres jóvenes, los jóvenes con discapacidad y otras categorías de jóvenes. No obstante, la Comisión tomó nota de los esfuerzos realizados mediante políticas y programas para promover el empleo de los jóvenes y la creación de empleos de calidad en algunos países.

ORIENTACIÓN Y FORMACIÓN PROFESIONALES

La educación y la formación son la clave para que las personas puedan conseguir empleo, permitiéndoseles, de este modo, el acceso al trabajo decente y escapar de la pobreza. Para competir en la actual economía global, es menester que los empleadores y los trabajadores se encuentren especialmente bien formados en tecnologías de la información y de la comunicación, en las nuevas formas de organización del comercio, y en el funcionamiento del mercado internacional. Por consiguiente, las empresas que tengan por objetivo lograr el pleno empleo y un crecimiento económico sostenido, tienen que invertir en educación y en el desarrollo de los recursos humanos. Brindando una educación básica, una capacitación laboral básica y oportunidades de aprender a lo largo de la vida a toda su población trabajadora, los países pueden ayudar a garantizar que los trabajadores mantengan y mejoren sus oportunidades de empleo, todo lo cual redundará en una mano de obra más calificada y productiva. Sin embargo, algunos países todavía tienen carencias en materia de educación y acceso a la tecnología de la información, y existen grandes disparidades entre los países y en el plano nacional. Las normas de la OIT alientan a los países a elaborar políticas de formación y de fomento de recursos humanos que beneficien a todos los interlocutores sociales. Debido a la importancia permanente de este tema, la Conferencia Internacional del Trabajo adoptó, en 2004, la Recomendación sobre el desarrollo de los recursos humanos: educación, formación y aprendizaje permanente (núm.195).

Instrumentos pertinentes de la OIT

Convenio sobre la licencia pagada de estudios, 1974 (núm. 140)
En este convenio se establece que todo Estado que lo haya ratificado deberá formular y aplicar una política encaminada a fomentar, a través de métodos adaptados a las condiciones y prácticas nacionales, y de ser necesario por etapas, la concesión de licencias pagadas de estudios con fines de formación profesional en todos los niveles, de educación general, social o cívica, y de educación sindical.

Convenio sobre el desarrollo de los recursos humanos, 1975 (núm. 142) Los Estados que hayan ratificado el presente convenio deberán elaborar políticas y programas de orientación y formación profesionales estableciendo, en particular a través de los servicios públicos de empleo, una estrecha relación entre la orientación y formación profesionales, por una parte, y el empleo, por otra. Para ello, también deben crear sistemas complementarios de enseñanza general, técnica y profesional, de orientación educativa y profesional y de formación profesional. Estos sistemas deberían extenderse gradualmente a los adolescentes y adultos e incluir programas adecuados para las personas con discapacidad.

Educación y formación en la práctica

Al invertir en recursos humanos, las empresas pueden mejorar su productividad y ser más competitivas en los mercados internacionales. Un estudio ha comprobado que en Dinamarca, por ejemplo, las empresas que combinan las innovaciones en la producción con una formación específica tienen más posibilidades de incrementar la producción, los puestos de trabajo y la productividad de los trabajadores que las empresas que no siguen estas estrategias. Estudios realizados en Alemania, Italia, el Japón y los Estados Unidos han llegado a conclusiones similares. La formación beneficia no solo a cada trabajador, sino también al empleador que, al aumentar la productividad y el nivel de cualificación de su empleado, recoge los efectos positivos de estas mejoras.[16]

El Estudio General de 2010 sobre los instrumentos relativos al empleo incluyó una referencia sobre la relación estrecha entre el Convenio núm. 142, complementado con la Recomendación núm. 195, el objetivo de alcanzar el pleno empleo, el trabajo decente y la materialización del derecho a la educación para todos.

En el Estudio también se reconoció la función esencial que desempeñó el convenio en el combate contra la discriminación. La Comisión de Expertos observó que hay un problema creciente de desempleo entre los trabajadores calificados, particularmente entre los jóvenes graduados universitarios, que no encuentran seguridad en el empleo acorde con su nivel de competencias laborales. Lo expuesto precedentemente representa un problema tanto para las economías de mercado avanzadas como para los países en desarrollo. La Comisión de Expertos instó a los gobiernos a que elaborasen políticas de creación de empleos y servicios de orientación profesional destinadas a esta nueva categoría de desempleados calificados.

SEGURIDAD EN EL EMPLEO

La terminación de una relación de trabajo puede ser una experiencia traumática para un trabajador y la pérdida de sus ingresos puede tener un impacto directo en el bienestar de su familia. A medida que más países se van encaminando a una mayor flexibilidad en el empleo y que la globalización va desestabilizando los modelos tradicionales de empleo, va aumentando la probabilidad de que sea cada vez mayor el número de los trabajadores que pierden su empleo involuntariamente en algún momento de su vida profesional. Al mismo tiempo, la flexibilidad para reducir el personal y para despedir a los trabajadores cuyo trabajo no resulta satisfactorio, es una medida necesaria para que los empleadores mantengan la productividad de sus empresas. Las normas de la OIT sobre la terminación de la relación de trabajo, se proponen encontrar un equilibrio entre el mantenimiento del derecho de los empleadores de despedir a los trabajadores por causas justificadas y la garantía de que esos despidos sean justos, se utilicen como último recurso, y no tengan un impacto negativo desproporcionado en los trabajadores.

Instrumento pertinente de la OIT

Convenio sobre la terminación de la relación de trabajo, 1982 (núm. 158)
El Convenio establece el principio de que no se pondrá término a una relación de trabajo, salvo que exista para ello una causa justificada relacionada con la capacidad o conducta del trabajador o basada en las necesidades de funcionamiento de la empresa, del establecimiento o del servicio. Entre los motivos que no constituirán causa justificada para la terminación de una relación de trabajo, se incluyen: la afiliación a un sindicato o la participación en actividades sindicales, la presentación de una queja contra un empleador, la raza, el color, el sexo, el estado civil, las responsabilidades familiares, el embarazo, la religión, las opiniones políticas, la ascendencia nacional o el origen social, la ausencia temporal por motivo de enfermedad, o la ausencia del trabajo durante la licencia de maternidad. Si se despide a un trabajador, este tendrá derecho a defenderse de los cargos que se formulen en su contra. En caso de despidos colectivos, los gobiernos deberán tener como objetivo el estímulo a los empleadores para que consulten a los representantes de los trabajadores y desarrollen alternativas a los despidos masivos (tales como congelación de las contrataciones o una reducción del tiempo de trabajo). El Convenio comprende asimismo temas relacionados con la indemnización por fin de servicios, el período de preaviso, los procedimientos de apelación contra el despido, el seguro de desempleo, y el aviso previo a las autoridades en caso de despidos masivos.[17]

POLÍTICA SOCIAL

La Constitución de la OIT, en la Declaración de Filadelfia, establece que «todos los seres humanos, sin distinción de raza, credo o sexo, tienen derecho a perseguir su bienestar material y su desarrollo espiritual en condiciones de libertad y dignidad, de seguridad económica y en igualdad de oportunidades» y que la consecución de este objetivo «debe constituir el propósito central de la política nacional e internacional». La política social, formulada a través del diálogo entre los interlocutores sociales, tiene todas las posibilidades de alcanzar los objetivos acordados por la comunidad internacional. Las normas de la OIT sobre política social proporcionan los medios para desarrollar políticas que garanticen que el desarrollo económico beneficie a todos los que participan en él.

Instrumento pertinente de la OIT

Convenio sobre las cláusulas de trabajo (contratos celebrados por las autoridades públicas), 1949 (núm. 94)

Este convenio tiene por objeto garantizar el respeto de las normas laborales mínimas en la ejecución de los contratos públicos.

Convenio sobre la política social (normas y objetivos básicos), 1962 (núm. 117)
En este convenio se establece el principio general de que todas las políticas deberán tender, en primer lugar, al bienestar y al desarrollo de la población, y a estimular sus propias aspiraciones para lograr el progreso social. Además, la mejora del nivel de vida deberá ser considerado como el objetivo principal de los planes de desarrollo económico. En él también se disponen disposiciones adicionales sobre los trabajadores migrantes, los productores agrícolas, los productores independientes y los asalariados, la fijación del salario mínimo y el pago de los salarios, la no-discriminación, y la educación y la formación profesional.

SALARIOS

Los salarios son, junto con el tiempo de trabajo, una de las condiciones de trabajo que más repercusión directa y tangible tiene en la vida diaria de los trabajadores. Aunque en la mayoría de los casos los salarios son necesarios para mantener a los trabajadores y sus familias, en muchas partes del mundo el acceso regular a un salario que permita cubrir estas necesidades no está garantizado.

De hecho, en algunos países la acumulación de impagos salariales sigue siendo un problema. En ocasiones, a los trabajadores que no han recibido sus salarios nunca se les paga debido a la quiebra de la empresa que los empleaba. También pueden surgir dificultades cuando una parte, a veces considerable, del salario se paga en especie. Esta situación propicia el empobrecimiento de los trabajadores afectados. En algunos casos, estas prácticas pueden incluso exponerlos al riesgo de servidumbre por deudas o de trabajo forzoso.

El principio de pagar un salario que permita un nivel de vida adecuado a los trabajadores ya figuraba en el Tratado de Versalles. A raíz de la erosión del poder adquisitivo vinculada a la crisis económica de 2008, a la OIT le pareció importante destacar el vínculo entre el establecimiento de un salario mínimo y la lucha contra la pobreza. Por ejemplo, el Pacto Mundial para el Empleo, adoptado por la Conferencia Internacional del Trabajo en 2009, hace numerosas referencias a los salarios mínimos como una de las respuestas a la crisis económica internacional. El ajuste periódico del salario mínimo, previa consulta con los interlocutores sociales, se presenta en el Pacto como una forma de reducir las desigualdades, aumentar la demanda y contribuir a la estabilidad económica.

Las normas salariales de la OIT contemplan todas estas cuestiones. En ellas se prevé, en concreto, el pago regular de los salarios, la protección de los salarios en caso de insolvencia del empresario y la fijación de salarios mínimos.

Instrumentos pertinentes de la OIT

Convenio sobre la protección del salario, 1949 (núm. 95)
Los salarios deberán pagarse en moneda de curso legal a intervalos regulares; en los casos en los que el pago parcial de los salarios se realice con prestaciones en especie, el valor atribuido a estas prestaciones deberá ser justo y razonable. Los trabajadores deberán tener la libertad de disponer de su salario en la manera que estimen conveniente. En casos de insolvencia del empleador, los salarios deberán tener prioridad en la distribución de los activos restantes.

Convenio sobre la fijación de salarios mínimos, 1970 (núm. 131)
De conformidad con este convenio los Estados que lo hayan ratificado deben establecer un mecanismo para la fijación del salario mínimo que permita determinar y revisar periódicamente las tasas de los salarios mínimos, que tendrán fuerza de ley.

Convenio sobre la protección de los créditos laborales en caso de insolvencia del empleador, 1992 (núm. 173)
En este convenio se prevé la protección de los créditos laborales en caso de insolvencia y quiebra, o mediante un privilegio, o a través de un fondo de garantía.

También pertinente:
Convenio sobre igualdad de remuneración, 1951 (núm. 100)
En este convenio se establece el principio de igualdad de remuneración para hombres y mujeres por un trabajo de igual valor.

Políticas salariales y desarrollo sostenible

Como parte de su Programa de Trabajo Decente, la OIT alienta a los Estados Miembros a adoptar un salario mínimo para reducir la pobreza y proporcionar protección social a los trabajadores. La adopción de políticas salariales adecuadas también se presenta como un medio para aplicar la Agenda 2030 para el Desarrollo Sostenible. Así, el Objetivo de Desarrollo Sostenible (ODS) 8 propugna «promover el crecimiento económico sostenido inclusivo y sostenible el empleo pleno y productivo y el trabajo decente» y destaca la importancia de garantizar la igualdad de remuneración por un trabajo de igual valor para todos. El ODS 10 tiene por objeto «reducir la desigualdad en los países y entre ellos» y hacer hincapié en la adopción de políticas, incluidas las políticas salariales, con el fin de lograr gradualmente una mayor igualdad.

La OIT analiza la evolución de los salarios en todo el mundo y publica periódicamente un Informe Mundial sobre Salarios. En **la edición 2016/17** se observa que, tras la crisis financiera de 2008-09, el crecimiento de los salarios reales en todo el mundo se recuperó en 2010, pero que esta tendencia se ralentizó e incluso se invirtió en algunos países. Una de las conclusiones del informe es que, en promedio, el incremento de los salarios va a la zaga del crecimiento de la productividad laboral (el valor medio de los bienes y servicios producidos por los trabajadores). En el informe también se demuestra que, en los últimos años, varios países han adoptado o consolidado un salario mínimo como instrumento para apoyar a los trabajadores de bajos salarios y reducir la desigualdad salarial. Según este informe, cuando se establece en un nivel adecuado, el salario mínimo puede aumentar los ingresos de los trabajadores con salarios bajos -muchos de los cuales son mujeres- sin ningún efecto adverso apreciable en el empleo. Por último, el informe presenta la inclusión de las políticas salariales en el orden del día de las últimas reuniones del G20 como un avance positivo, señalando que este último ha pedido que se estableciesen principios para una política salarial sostenible que consolidase las instituciones y las políticas del mercado de trabajo, tales como los salarios mínimos y la negociación colectiva, de forma que los incrementos salariales reflejasen en mayor medida los aumentos de la productividad.

En 2016, la OIT publicó una **Guía sobre políticas en materia de salario mínimo**, en la que se refleja la diversidad de las prácticas de salario mínimo y se señalan diferentes opciones, en función de las preferencias nacionales y de la situación de cada país. Sin procurar promover un modelo único, en la guía se destacan los principios fundamentales de las buenas prácticas en el establecimiento del salario mínimo y se dan ejemplos de las ventajas e inconvenientes de las diferentes opciones. La publicación de esta guía es continuación de la publicación de un **estudio general sobre sistemas de salarios mínimos** (2014). En este estudio, la Comisión de Expertos concluye que los objetivos, principios y métodos establecidos en el Convenio núm. 131 siguen siendo tan pertinentes como cuando fue adoptado en 1970 y convergen con las políticas públicas encaminadas a conciliar los objetivos de desarrollo económico con los objetivos de justicia social.

TIEMPO DE TRABAJO

Una de las preocupaciones más antiguas de la legislación del trabajo ha sido la regulación del tiempo de trabajo. Ya a principios del siglo XIX, se reconocía que trabajar demasiadas horas constituía un peligro para la salud de los trabajadores y sus familias. El primer convenio de la OIT, adoptado en 1919 (**véase más abajo**), limitaba las horas de trabajo. Actualmente, las normas de la OIT sobre el tiempo de trabajo confieren el marco para la regulación de las horas de trabajo, de los períodos de descanso semanales, y de las vacaciones anuales con goce de sueldo, del trabajo nocturno y del trabajo a tiempo parcial. Estos instrumentos garantizan una elevada productividad, al tiempo que se protege la salud física y mental de los trabajadores. Las normas sobre el trabajo a tiempo parcial se han convertido en instrumentos de creciente importancia para tratar cuestiones tales como la creación de empleo y la promoción de la igualdad entre hombres y mujeres.

Instrumentos pertinentes de la OIT

Convenio sobre las horas de trabajo (industria), 1919 (núm. 1)
Convenio sobre las horas de trabajo (comercio y oficinas), 1930 (núm. 30) En estos dos Convenios se establece la norma general de 48 horas regulares de trabajo a la semana, con un máximo de 8 horas al día.

Convenio sobre las cuarenta horas, 1935 (núm. 47) Recomendación sobre la reducción de la duración del trabajo, 1962 (núm. 116)
En este convenio se establece el principio de la semana de 40 horas de trabajo.

Convenio sobre el descanso semanal (industria), 1921 (núm. 14)
Convenio sobre el descanso semanal (comercio y oficinas), 1957 (núm. 106)
En estos convenios se establece la norma general de que los trabajadores deben disfrutar de un período de descanso de al menos 24 horas consecutivas cada siete días.

Convenio sobre las vacaciones pagadas (revisado), 1970 (núm. 132)
En este convenio se dispone que toda persona a la que se aplique el convenio debe disfrutar de al menos tres semanas laborables de vacaciones anuales pagadas por cada año de servicio.

El tiempo de trabajo en el siglo XXI

Habida cuenta de la importancia de las cuestiones relativas al tiempo de trabajo en el contexto de los actuales cambios en el mundo del trabajo, el Consejo de Administración decidió que el **estudio general de 2018** se centrara en los instrumentos de la OIT en este ámbito. En este importante estudio, la Comisión de Expertos observó que, si bien las nuevas modalidades de trabajo, como el trabajo a pedido, el teletrabajo y la economía del trabajo esporádico, pueden ofrecer beneficios tanto para los trabajadores como para los empleadores, también entrañan varias desventajas, entre ellas las que atañen a la interrupción del trabajo en los períodos de descanso, a la falta de previsibilidad de las horas de trabajo, a la precariedad económica y al estrés que provoca la necesidad de que los trabajadores se encuentren en un estado permanente de conexión con el lugar de trabajo. Por lo tanto, es importante que estas cuestiones sean reguladas por la legislación nacional y que se tengan en cuenta tanto las necesidades de los trabajadores en materia de salud física y mental como de conciliación de la vida laboral y familiar, así como las necesidades de flexibilidad de las empresas. La Comisión de Expertos observó asimismo que, si bien las legislaciones nacionales de los países examinados reconocen en general los límites del número de horas de trabajo semanales, en muchos países los límites diarios no están claramente establecidos y las circunstancias que justifican que se recurra a excepciones a la duración normal del tiempo de trabajo no siempre están claramente definidas, o bien rebasan los límites de tiempo de trabajo que se reconocen en los instrumentos de la OIT. Por otra parte, los límites establecidos para el número de horas extraordinarias superan con frecuencia los límites razonables exigidos por los convenios y, a menudo, las horas extraordinarias no se compensan ni desde el punto de vista económico ni en forma de vacaciones. Asimismo, la Comisión de Expertos observó que, si bien el principio del descanso semanal está ampliamente aceptado en las legislaciones nacionales, existen muchos regímenes especiales y una tendencia a ofrecer una compensación económica por cualquier trabajo realizado durante los períodos de descanso semanal, en lugar de un tiempo de descanso compensatorio. La Comisión de Expertos también señaló que, si bien el principio de las vacaciones anuales pagadas está ampliamente aceptado, los períodos de servicio exigidos son a menudo excesivamente prolongados y, en ocasiones, las vacaciones se postergan o se dividen, lo que contradice el objetivo de garantizar que los trabajadores puedan descansar y recuperarse de la fatiga acumulada. Por último, la Comisión de Expertos observó que en varios países aún no se han establecido medidas de protección para el trabajo nocturno.

Convenio sobre trabajo nocturno, 1990 (núm. 171)

En este Convenio se establece que deben adoptarse las medidas específicas requeridas por la naturaleza del trabajo nocturno con objeto de proteger a los trabajadores nocturnos, en particular para proteger su salud, facilitarles el ejercicio de sus responsabilidades familiares y sociales, ofrecerles oportunidades de desarrollo profesional y concederles una indemnización adecuada. En el convenio también se establece que debe ofrecerse a las mujeres una alternativa al trabajo nocturno durante períodos específicos durante y después del embarazo.

Convenio sobre el trabajo a tiempo parcial, 1994 (núm. 175)

En este convenio se prevé que los trabajadores a tiempo parcial reciban la misma protección que los trabajadores a tiempo completo en situaciones comparables en lo que respecta a sus derechos a la libertad sindical y a la negociación colectiva, a la seguridad y a la salud en el trabajo, así como a la no discriminación en el empleo y en la vida profesional. También han de gozar de condiciones equivalentes en lo que respecta a la protección de la maternidad, el cese de la relación laboral y otras condiciones de trabajo.

SEGURIDAD Y SALUD EN EL TRABAJO

En la Constitución de la OIT se establece el principio de que los trabajadores deben estar protegidos contra las enfermedades en general o las enfermedades profesionales y los accidentes resultantes de su trabajo. No obstante, para millones de trabajadores ello dista mucho de ser una realidad. De conformidad con las estimaciones globales más recientes de la OIT, cada año se producen 2,78 millones de muertes relacionadas con el trabajo, de las cuales 2,4 millones están relacionadas con enfermedades profesionales. Además del inmenso sufrimiento que esto causa a los trabajadores y sus familias, los costes económicos que ello conlleva son enormes para las empresas, los países y el mundo en general. Las pérdidas relacionadas con las indemnizaciones, las jornadas laborales perdidas, las interrupciones de la producción, la formación y la readaptación profesional, y los costes de la atención sanitaria representan alrededor del 3,94 por ciento del PIB mundial.[18] Para los empleadores, esto se traduce en costosas jubilaciones anticipadas, pérdida de personal cualificado, absentismo y altas primas de seguro. Sin embargo, estas tragedias podrían evitarse con la adopción de métodos racionales de prevención, notificación e inspección. Las normas de la OIT sobre seguridad y salud en el trabajo proporcionan a los gobiernos, empleadores y trabajadores los instrumentos necesarios para desarrollar tales métodos y garantizar la máxima seguridad en el trabajo.

Instrumentos pertinentes de la OIT

La OIT ha adoptado más de 40 convenios y recomendaciones, así como más de 40 repertorios de recomendaciones prácticas que se ocupan específicamente de la seguridad y la salud en el trabajo. Por otra parte, cerca de la mitad de los instrumentos de la OIT atañen directa o indirectamente a cuestiones relativas a la seguridad y la salud en el trabajo.

Principios Fundamentales sobre seguridad y salud en el trabajo

Convenio sobre el marco promocional para la seguridad y salud en el trabajo, 2006 (núm. 187)
En su calidad de marco promocional, este instrumento está concebido con la finalidad de ofrecer un tratamiento coherente y sistemático de las

cuestiones de salud y de seguridad en el trabajo y de promover el reconocimiento de los convenios que existen en esa esfera. Este Convenio tiene por objeto establecer y poner en práctica políticas nacionales coherentes de seguridad y salud en el trabajo, gracias al diálogo entre el gobierno y las organizaciones de trabajadores y de empleadores y promover una cultura de prevención nacional en materia de seguridad y salud. A pesar de su reciente adopción, dicho Convenio entró en vigor en 2008 y ya fue ratificado por más de 30 Estados Miembros.

Convenio sobre seguridad y salud de los trabajadores, 1981 (núm. 155) y su Protocolo de 2002

En este Convenio se prevé la adopción de una política nacional coherente sobre seguridad y salud en el trabajo, y las medidas que deberán adoptar los gobiernos y las empresas para promover la seguridad y la salud en el trabajo, así como mejorar las condiciones de trabajo. Esta política deberá elaborarse tomando en consideración las condiciones y las prácticas nacionales. En el protocolo se insta al establecimiento y la revisión periódica de los requisitos y procedimientos para el registro y la notificación de los accidentes del trabajo y las enfermedades profesionales, así como la publicación de las estadísticas anuales conexas.

Convenio sobre los servicios de salud en el trabajo, 1985 (núm. 161)

En este acuerdo se prevé la creación de servicios de salud ocupacional a nivel de empresa, cuya misión es esencialmente preventiva, encargados de asesorar a los empleadores, a los trabajadores y a sus representantes en la empresa sobre la manera de preservar la seguridad y la salud del entorno de trabajo.

Salud y seguridad en determinados sectores de la actividad económica

Convenio sobre la higiene (comercio y oficinas), 1964 (núm. 120)

Este instrumento tiene por objeto preservar la salud y el bienestar de los trabajadores empleados en establecimientos comerciales, establecimientos, instituciones y servicios administrativos en los cuales los trabajadores estén contratados, sobre todo para trabajos de oficina y otros servicios relacionados, a través de la adopción de medidas de higiene elementales, respondiendo a los requisitos de bienestar en el lugar de trabajo.

Convenio sobre seguridad e higiene (trabajos portuarios), 1979 (núm. 152)

Véase la sección relativa a los trabajadores portuarios.

Convenio sobre seguridad y salud en la construcción, 1988 (núm. 167)

En este Convenio se establecen medidas técnicas concretas de prevención y protección, teniéndose debidamente en cuenta los requisitos específicos de este sector. Estas medidas se relacionan con la seguridad en los lugares de trabajo, las máquinas y los equipos utilizados, el trabajo llevado a cabo en las alturas y con el trabajo realizado en aire comprimido.

Convenio sobre seguridad y salud en las minas, 1995 (núm. 176)

En este instrumento se regulan los diversos aspectos de la seguridad y la salud del trabajo en las minas, entre ellos, la inspección, las herramientas especiales de trabajo y el equipo especial de protección de los trabajadores. En él también se prescriben los requisitos relativos al rescate en las minas.

Convenio sobre la seguridad y la salud en la agricultura, 2001 (núm. 184)

Este convenio tiene el objeto prevenir los accidentes y los daños para la salud que sean consecuencia del trabajo, guarden relación con la actividad laboral o sobrevengan durante el trabajo agrícola o forestal. Con este fin, el convenio incluye medidas relativas a la seguridad de la maquinaria y a la ergonomía, a la manipulación y transporte de materiales, a la gestión racional de los productos químicos, al manejo de animales, a la protección contra los riesgos biológicos, y a los servicios de bienestar y alojamiento.

Protección contra riesgos específicos

Convenio sobre la protección contra las radiaciones, 1960 (núm. 115)

El objetivo del presente convenio es establecer requisitos básicos para proteger a los trabajadores contra los riesgos relacionados con la exposición a radiaciones ionizantes. Las medidas de protección que deben preverse incluyen la reducción al mínimo de la exposición de los trabajadores a las radiaciones ionizantes y a cualquier exposición innecesaria, así como el control del lugar de trabajo y de la salud de los trabajadores. En el Convenio también se prevén requisitos relativos a las situaciones de emergencia que puedan surgir.

Convenio sobre el cáncer profesional, 1974 (núm. 139)

El presente instrumento tiene por objeto el establecimiento de un mecanismo para la instauración de una política destinada a prevenir los riesgos del cáncer profesional ocasionado por la exposición, generalmente durante un período prolongado, a diversos tipos de agentes químicos y físicos presentes en el lugar de trabajo. A tales fines, los Estados que hayan ratificado el convenio tienen la obligación de determinar periódicamente las sustancias y los agentes cancerígenos cuya exposición profesional deberá prohibirse o regularse, adoptar las medidas necesarias encaminadas a sustituir estas sustancias y agentes por otros que no sean cancerígenos o que sean menos nocivos, prever medidas de protección y supervisión, así como prescribir los exámenes médicos necesarios que los trabajadores expuestos a tales sustancias o agentes deberán realizarse.

Convenio sobre el medio ambiente de trabajo (contaminación del aire, ruido y vibraciones), 1977 (núm. 148)

En el presente convenio se establece que, en la medida de lo posible, el ambiente de trabajo deberá estar libre de todo peligro debido a la contaminación del aire, el ruido o las vibraciones. A tal fin, es necesario prever medidas técnicas aplicables a las instalaciones o a los procesos o, en su defecto, adoptar medidas adicionales de organización del trabajo.

Convenio sobre el asbesto, 1986 (núm. 162)

Este convenio tiene por objeto prevenir los efectos perjudiciales para la salud de los trabajadores derivados de la exposición al asbesto, indicando métodos y técnicas razonables y factibles que permitan reducir al mínimo la exposición al asbesto en el lugar de trabajo. Con miras a alcanzar este objetivo, en el convenio se enuncian algunas medidas específicas que se basan esencialmente en la prevención y el control de los riesgos para la salud ocasionados por la exposición al asbesto en el lugar de trabajo, y en la protección de los trabajadores contra tales riesgos.

Convenio sobre los productos químicos, 1990 (núm. 170)

En el presente convenio se establece la adopción y la aplicación de una política coherente en materia de seguridad en la utilización de productos químicos en el trabajo, entre ellos, la producción, la manipulación, el almacenamiento y el transporte de productos químicos, así como la eliminación y el tratamiento de los deshechos de productos químicos, la emisión de productos químicos resultante del actividades profesionales y el mantenimiento, la reparación y la limpieza del equipo y de los recipientes utilizados para los productos químicos. Por otra parte, en este instrumento también se determinan las responsabilidades específicas de los países productores y exportadores.

Situación de la seguridad y salud en el trabajo

En 2017, la Comisión de Expertos en Aplicación de Convenios y Recomendaciones publicó un importante estudio general sobre los instrumentos de seguridad y salud en el trabajo relacionados con el marco promocional, la construcción, la minería y la agricultura. En este estudio, la Comisión señaló el reconocimiento casi universal de la importancia de garantizar condiciones de trabajo seguras y saludables para los trabajadores, en particular en los sectores de la construcción, la minería y la agricultura. En sus memorias, todos los Estados Miembros se han referido a las medidas que han adoptado, en la legislación o en la práctica, para promover la seguridad y la salud en el trabajo y para proteger a los trabajadores contra los accidentes y las enfermedades profesionales. Gran parte de ellos informaron de medidas que han adoptado recientemente para revitalizar e intensificar sus esfuerzos en esta esfera.

Seguridad y salud de los jóvenes trabajadores

Con ocasión del Día Mundial de la Seguridad y la Salud en el Trabajo en 2018, la OIT ha puesto de relieve la cuestión de la seguridad y la salud de los trabajadores jóvenes. Los 541 millones de trabajadores jóvenes (de 15 a 24 años) en todo el mundo -37 millones de los cuales son niños que realizan trabajos peligrosos- representan más del 15 por ciento de la población activa mundial y soportan una tasa de accidentes de trabajo no mortales de hasta un 40 por ciento más alta que la de los trabajadores adultos de más de 25 años. Muchos factores pueden incrementar la vulnerabilidad de los jóvenes a los riesgos de seguridad y salud en el trabajo, como su etapa de desarrollo físico y psicológico, la falta de experiencia profesional y de formación, un conocimiento limitado de los riesgos relacionados con el trabajo y la falta de poder de negociación que pueda llevarlos a aceptar tareas o trabajos en condiciones de trabajo desfavorables. La OIT ha recalcado la importancia decisiva de abordar estos desafíos y mejorar la seguridad y la salud de los trabajadores jóvenes, no solo para promover el empleo decente para los jóvenes, sino también para aunar esfuerzos en la lucha contra el trabajo infantil peligroso, así como contra todas las demás formas de trabajo infantil.

Repertorios de recomendaciones prácticas

Los repertorios de recomendaciones prácticas de la OIT proporcionan
directrices para los gobiernos, los empleadores, los trabajadores, las
empresas y los organismos responsables de la protección de la seguridad
y la salud en el trabajo (como los comités de seguridad de las empresas).
No constituyen instrumentos vinculantes ni pretenden reemplazar las disposiciones de las leyes o reglamentos nacionales o las normas aceptadas.
En ellos se formulan orientaciones sobre la seguridad y la salud en el
trabajo en determinados sectores económicos (como la construcción, la
minería a cielo abierto, la minería del carbón, la industria del hierro y del
acero, las industrias de metales no ferrosos, la agricultura, la construcción
y la reparación de buques y la silvicultura), y sobre la protección de los
trabajadores frente a determinados riesgos (por ejemplo, las radiaciones,
los rayos láser, las terminales de pantallas de visualización, las sustancias
químicas, el amianto, las sustancias nocivas en el aire), así como sobre
determinadas medidas de seguridad y salud (entre ellas, los sistemas de
gestión de la seguridad y la salud en el trabajo, los principios éticos para
el control de la salud de los trabajadores, el registro y la notificación de
accidentes de trabajo y enfermedades profesionales, la protección de los
datos personales de los trabajadores, la seguridad, la salud y las condiciones de trabajo en la transferencia de tecnología a los países en desarrollo).

SEGURIDAD SOCIAL

La seguridad social es un derecho humano que responde a una necesidad universal de protección contra ciertos riesgos de la vida y necesidades sociales. Los sistemas de seguridad social eficaces garantizan la seguridad de los ingresos y la protección de la salud, contribuyendo de este modo a prevenir y reducir la pobreza y la desigualdad, y a promover la inclusión social y la dignidad humana. Ello se consigue mediante la concesión de prestaciones, en metálico o en especie, que tienen por objeto garantizar el acceso a la atención médica y a los servicios de salud, así como la seguridad de los ingresos a lo largo de todo el ciclo de vida, sobre todo en caso de enfermedad, desempleo, accidentes de trabajo o enfermedades profesionales, maternidad, responsabilidades familiares, invalidez, pérdida del sostén de familia y en caso de jubilación o de vejez. En consecuencia, los sistemas de seguridad social representan una inversión importante en el bienestar de los trabajadores y de la comunidad en su conjunto, al tiempo que facilitan el acceso a la educación y la formación profesional, la nutrición y otros bienes y servicios esenciales. En conjunción con otras políticas, la seguridad social mejora la productividad y la empleabilidad y contribuye al desarrollo económico. La seguridad social ayuda a los empresarios y a las empresas a mantener una fuerza de trabajo estable y adaptable. Por último, fortalece la cohesión social y contribuye así a construir la paz social, sociedades inclusivas y una globalización justa, garantizando condiciones de vida decentes para todos.

Los convenios y recomendaciones que conforman el marco normativo de la OIT en materia de seguridad social son instrumentos singulares: en ellos se establecen normas mínimas de protección que orientan el desarrollo de los sistemas nacionales de prestaciones y de seguridad social, sobre la base de las buenas prácticas de todas las regiones del mundo. Por lo tanto, tales convenios suponen que no existe un modelo único de seguridad social y que corresponde a cada país desarrollar la protección necesaria. Para ello, ofrecen una serie de opciones y cláusulas de flexibilidad que permiten alcanzar paulatinamente el objetivo de la cobertura universal de la población y de los riesgos sociales a través de prestaciones adecuadas. En ellos también se establecen principios rectores para la elaboración, la financiación, la aplicación, la gobernanza y la evaluación de los regímenes y sistemas de seguridad social, con arreglo a un enfoque basado en los derechos. En un mundo globalizado, en el que las personas están cada vez más expuestas a riesgos económicos, resulta evidente que una política nacional de protección social global puede ayudar a mitigar los numerosos efectos sociales negativos de las crisis. Por estas razones, la Conferencia Internacional del Trabajo adoptó en 2012 un nuevo instrumento, la Recomendación núm. 202 sobre los pisos de protección social. Por otra parte, en el estudio general de 2019 sobre la protección social universal para una vida digna y saludable, preparado por la Comisión de Expertos y que será examinado por los mandantes de la OIT en la Conferencia Internacional del Trabajo en junio de 2019, se aborda esta recomendación.

Instrumentos pertinentes de la OIT

Convenio sobre la seguridad social (norma mínima), 1952 (núm. 102) En este convenio se establece la norma mínima para el nivel de las prestaciones de la seguridad social y las condiciones para poder acceder a las mismas. Comprende las nueve ramas principales de la seguridad social, es decir, asistencia médica, prestaciones monetarias de enfermedad, prestaciones de desempleo, prestaciones de vejez, prestaciones en caso de accidentes del trabajo y enfermedades profesionales, prestaciones familiares, prestaciones de maternidad, prestaciones de invalidez y sobrevivientes. Para garantizar que el convenio pueda aplicarse cualesquiera sean las circunstancias nacionales, este instrumento ofrece a los Estados la posibilidad de ratificarlo, aceptando al menos tres de las nueve ramas, y posteriormente acatando las obligaciones derivadas de las otras ramas, con lo que permite alcanzar gradualmente todos los objetivos establecidos en él. El nivel de prestaciones mínimas puede determinarse en relación con el nivel salarial del país de que se trate. También se prevén excepciones temporales para los países cuya economía y servicios médicos no están bien desarrollados, con lo que se permite limitar el alcance del convenio y la cobertura de las prestaciones concedidas.

Recomendación sobre los pisos de protección social, 2012 (núm. 202)
En este instrumento se proporcionan orientaciones para establecer y mantener pisos de seguridad social y para poner en marcha pisos de protección social en el marco de estrategias de extensión de la seguridad social a niveles más elevados para el mayor número de personas posibles, según las orientaciones establecidas en las normas de la OIT relativas a la seguridad social.

Convenio sobre la igualdad de trato (seguridad social), 1962 (núm. 118)
Convenio sobre la conservación de los derechos en materia de seguridad social, 1982 (núm. 157)
En estos instrumentos se disponen algunos derechos y prestaciones de seguridad social para los trabajadores migrantes que hacen frente al problema de pérdida de los derechos a las prestaciones de la seguridad social de que gozaban en su país de origen.

Otros instrumentos sobre seguridad social

Una generación posterior de convenios adoptados después del Convenio núm. 102 amplía el alcance de la protección ofrecida. Al ofrecer un nivel más elevado de protección en cuanto al alcance y al nivel de las prestaciones que han de garantizarse, esta nueva generación de convenios autoriza algunas excepciones que permiten cierta flexibilidad en su aplicación.

A continuación, se describen las prestaciones previstas en el Convenio núm. 102 y en los convenios posteriores. Esta información no incluye las disposiciones sobre la duración y las condiciones para tener derecho a las prestaciones; tampoco las excepciones que se permiten en virtud de estos instrumentos ni los niveles más elevados de prestaciones previstos en las recomendaciones pertinentes.[19]

Asistencia médica

- Convenio núm. 102: dispone la asistencia preventiva, la asistencia médica general, comprendidas las visitas a domicilio, la asistencia de especialistas, el suministro de productos farmacéuticos esenciales bajo prescripción médica, la asistencia prenatal, la asistencia durante el parto y la asistencia puerperal prestadas por un médico o por una comadrona diplomada, y la hospitalización cuando esta fuere necesaria.
- Convenio núm. 130: establece las mismas prestaciones que el Convenio núm. 102, más asistencia odontológica y readaptación médica.

Prestaciones monetarias de enfermedad

- Convenio núm. 102: pagos periódicos que correspondan al menos al 45 por ciento del salario de referencia.
- Convenio núm. 130: pagos periódicos que correspondan al menos al 60 por ciento del salario de referencia. También dispone el pago de los gastos de sepelio en caso de fallecimiento del beneficiario.

Prestaciones de desempleo

- Convenio núm. 102: pagos periódicos que correspondan al menos al 45 por ciento del salario de referencia.
- Convenio núm. 168: pagos periódicos que correspondan al menos al 50 por ciento del salario de referencia. Más allá del periodo inicial, posibilidad de aplicar reglas especiales de cálculo. Sin embargo, el conjunto de las prestaciones a las que el desempleado puede tener derecho debe garantizarle unas condiciones de vida saludables y dignas, de conformidad con las normas nacionales.

Prestaciones de vejez

- Convenio núm. 102: pagos periódicos que correspondan al menos al 40 por ciento del salario de referencia. Obligación de revisar las tasas de las prestaciones pertinentes tras variaciones sensibles del nivel general de ganancias y/o del costo de vida.
- **Convenio núm. 128**: pagos periódicos que correspondan al menos al 45 por ciento del salario de referencia. Las mismas condiciones que el Convenio núm. 102 en relación con la revisión de las tasas.

Prestaciones en caso de accidentes del trabajo y enfermedades profesionales

- Convenio núm. 102: asistencia médica, pagos periódicos que correspondan al menos al 50 por ciento del salario de referencia en casos de incapacidad temporal o invalidez, las prestaciones para las viudas o para los hijos a cargo en caso de fallecimiento del sostén de la familia, con pagos periódicos que correspondan al menos al 40 por ciento del salario de referencia. Posibilidad de convertir los pagos periódicos en una suma global, en determinadas condiciones. Excepto en el caso de una incapacidad para trabajar, la obligación de revisar las tasas de los pagos periódicos en función de cambios sustanciales en el costo de vida.
- Convenio núm. 121: Igual que el Convenio núm. 102, más algunos tipos de asistencia en el lugar de trabajo. Pagos periódicos que correspondan al menos al 60 por ciento del salario de referencia en casos de incapacidad temporal o invalidez, prestaciones para la viuda o el viudo inválido a cargo, y para los hijos a cargo, en caso de fallecimiento del sostén de la familia, con pagos periódicos correspondientes al menos al 50 por ciento del salario de referencia. Obligación de fijar un monto mínimo para estos pagos, posibilidad de convertir los pagos en una suma global en determinadas condiciones, y prestaciones complementarias para las personas cuyo estado requiere la asistencia constante de un tercero.

Prestaciones familiares

- Convenio núm. 102: pagos periódicos o suministro de alimentos, vestido, vivienda, vacaciones o asistencia doméstica, o una combinación de tales elementos.

Prestaciones de maternidad

- Convenio núm. 102: asistencia médica que deberá comprender, por lo menos, la asistencia prenatal, la asistencia durante el parto y la asistencia puerperal prestadas por un médico o por una comadrona diplomada, así como la hospitalización cuando fuese necesaria; pagos periódicos que correspondan al menos al 45 por ciento del salario de referencia.
- Convenio núm. 183: prestaciones médicas, incluidas la asistencia prenatal, durante el parto y puerperal, así como la asistencia hospitalaria cuando fuese necesaria; prestaciones en efectivo que permitan a la mujer mantenerse a sí misma y mantener a su hijo en buen estado de salud y con un nivel de vida adecuado; tales prestaciones deberán corresponder al menos a dos tercios de las ganancias anteriores o a un importe del mismo orden de magnitud.

Prestaciones de invalidez

- Convenio núm. 102: pagos periódicos que correspondan al menos al 40 por ciento del salario de referencia; obligación de revisar los montos de las prestaciones pertinentes, en caso de variaciones sensibles del nivel general de ganancias y/o del costo de vida.
- Convenio núm. 128: pagos periódicos que correspondan al menos al 50 por ciento del salario de referencia; obligación de revisar estos montos en caso de variaciones sensibles del nivel general de ingresos y/o del costo de vida. Obligación de prestación de servicios de rehabilitación y adopción de medidas que permitan favorecer la colocación de los trabajadores que hayan quedado inválidos en un empleo idóneo.

Prestaciones de sobrevivientes

- Convenio núm. 102: pagos periódicos que correspondan al menos al 40 por ciento del salario de referencia; obligación de revisar estos montos en caso de variaciones sensibles del nivel general de ganancias y/o del costo de vida.
- Convenio núm. 128: pagos periódicos que correspondan al menos al 45 por ciento del salario de referencia; obligación de revisar estos montos en caso de variaciones sensibles del nivel general de ganancias y/o del costo de vida.

PROTECCIÓN DE LA MATERNIDAD

La constitución de una familia es un objetivo muy preciado por muchos trabajadores. Sin embargo, el embarazo y la maternidad son épocas de particular vulnerabilidad para las trabajadoras y sus familias. Las embarazadas y las madres en período de lactancia requieren una especial protección para evitar daños a su salud o a la de sus hijos, y necesitan un tiempo adecuado para dar a luz, para su recuperación y para ocuparse de los recién nacidos. Por otra parte, cuando trabajan, las embarazadas y las mujeres que se encuentran en período de lactancia también necesitan una protección que les garantice que no van a perder sus empleos por el solo hecho del embarazo o de la baja por maternidad. Esa protección no solo garantiza a las mujeres la igualdad en el acceso al empleo, sino que también les garantiza el mantenimiento de unos ingresos que a menudo son vitales para el bienestar de toda su familia. La preservación de la salud de las trabajadoras embarazadas y de las madres en período de lactancia, así como la protección contra la discriminación laboral son condiciones esenciales para la consecución de una genuina igualdad de oportunidades y de trato para hombres y mujeres en el trabajo y para permitir que los trabajadores constituyan familias en condiciones de seguridad económica.

Instrumento pertinente de la OIT

Convenio sobre la protección de la maternidad, 2000 (núm. 183)
Este Convenio es la norma internacional del trabajo sobre protección de la maternidad más actual, si bien los instrumentos pertinentes anteriores el Convenio sobre la protección de la maternidad, 1919 (núm. 3) y el Convenio sobre la protección de la maternidad (revisado), 1952 (núm. 103), aún están en vigor en algunos países.

En el Convenio núm. 183 se establece una licencia de maternidad de 14 semanas para las mujeres a las que se aplica este instrumento. Toda mujer que se ausente del trabajo por licencia de maternidad, tendrá derecho a percibir prestaciones en efectivo que le garantice su mantenimiento y el de su hijo en condiciones de salud apropiadas y con un nivel de vida adecuado. El monto de esas prestaciones no deberá ser inferior a las dos terceras partes de sus ganancias anteriores o a una cuantía comparable. En el Convenio también se dispone que los Estados que lo hayan ratificado deberán adoptar medidas para garantizar que no se obligue a las embarazadas o a las madres en período de lactancia a realizar un trabajo que haya sido considerado como perjudicial para su salud o para la de su hijo, y en él se establece que tales Estados deberán adoptar medidas encaminadas a garantizar que la maternidad no sea un motivo de discriminación laboral. Por otra parte, se prohíbe que los empleadores despidan a una mujer durante el embarazo, o durante su ausencia por licencia de maternidad, o después de haberse reintegrado al trabajo, excepto por motivos que no estén relacionados con el embarazo, con el nacimiento del hijo y con sus consecuencias o la lactancia. Se garantiza a la mujer el derecho a reintegrarse en el mismo puesto de trabajo o en un puesto equivalente con la misma remuneración. Por otra parte, en el convenio se otorga a la mujer el derecho a una o más interrupciones al día o a una reducción diaria del tiempo de trabajo para la lactancia de su hijo.

Licencia de maternidad: Los países que respetan las normas de la OIT

A nivel mundial, el 52 por ciento de los países examinados (99 países) prevé una licencia de maternidad de por lo menos 14 semanas de duración o más, en virtud de lo dispuesto en el Convenio núm. 183. Entre ellos, 48 Estados respetan las 18 semanas o más de licencia mencionadas en la Recomendación núm. 191. Por otra parte, en 49 países se prevén de 12 a 13 semanas de licencia – es decir, un período inferior a la duración establecida en el Convenio núm. 183, pero en consonancia con los niveles establecidos en los Convenios núms. 102 y 103, esto es, al menos 12 semanas de licencia. Solo el 16 por ciento (30 países) conceden menos de 12 semanas de licencia de maternidad.

De los 192 países de los cuales se dispone de información, todos salvo dos prevén prestaciones monetarias para las mujeres durante la licencia de maternidad. Las dos excepciones son Papúa Nueva Guinea y los Estados Unidos, países estos en los que se prevé alguna forma de licencia de maternidad pero que no cuentan con disposiciones legales relativas a las prestaciones monetarias. A nivel mundial, el 38 por ciento (73 países) de los 192 Estados de los cuales se dispone de información prevén sistemas de prestaciones monetarias correspondientes al menos a dos tercios de los ingresos por un mínimo de 14 semanas. Por otra parte, el 14 por ciento (26 países) superan esta norma al conceder prestaciones equivalentes al 100 por ciento de los ingresos anteriores durante al menos 18 semanas. Sin embargo, en el 44 por ciento (84 países) no se reciben prestaciones monetarias durante la licencia de maternidad, se reciben menos de dos tercios de los ingresos anteriores o se reciben prestaciones por un período inferior a 14 semanas.[20]

TRABAJADORES DOMESTICOS

Los trabajadores domésticos constituyen una proporción significativa de la fuerza de trabajo mundial en el empleo informal y se encuentran entre los grupos de trabajadores más vulnerables. Trabajan para casas particulares, a menudo sin un contrato de trabajo formal, sin estar registrados y de esa manera quedan excluidos del alcance de la legislación laboral. Actualmente, existen al menos 67 millones de trabajadores domésticos en el mundo, sin incluir a los niños que trabajan en el servicio doméstico y esta cifra sigue incrementándose tanto en los países desarrollados como en los países en desarrollo. Un 80 por ciento de los trabajadores domésticos son mujeres.

Condiciones de trabajo deplorables, explotación laboral y violaciones de los derechos humanos son los problemas más graves a los que se enfrentan los trabajadores domésticos. Aproximadamente un 10 por ciento de la totalidad de los trabajadores domésticos se encuentran amparados por la legislación laboral general en las mismas condiciones que los demás trabajadores. Por otra parte, más de una cuarta parte de estos trabajadores se encuentran totalmente excluidos del ámbito de aplicación de la legislación laboral nacional. Actualmente, los trabajadores domésticos se ven a menudo expuestos a salarios muy bajos, horarios de trabajo excesivos, la ausencia de días de descanso semanal garantizados y, en ocasiones, son víctimas de abusos físicos, psicológicos o sexuales o de restricciones a su libertad de movimiento.

Instrumento pertinentes de la OIT

Convenio sobre los trabajadores domésticos, 2011 (núm. 189)

En este Convenio y en la Recomendación núm. 201 conexa se prevé que los trabajadores domésticos de todo el mundo que se ocupan de familias y del servicio de mantenimiento de sus viviendas deben gozar de los mismos derechos laborales básicos que el resto de los trabajadores: horas de trabajo razonables, un tiempo de descanso semanal de al menos 24 horas consecutivas, pago en especie limitado, información clara sobre las condiciones generales de empleo, así como el respeto de los principios y derechos fundamentales en el trabajo, entre ellos la libertad sindical y el derecho a la negociación colectiva.

Hasta el presente, 25 países han ratificado el Convenio núm. 189, y la mayoría de ellos han adoptado medidas para aplicar sus disposiciones. Por ejemplo, Costa Rica ha ampliado el acceso a la seguridad social a todos los trabajadores domésticos. Varios países han adoptado medidas para autorizar la inspección del trabajo, velando al mismo tiempo por el respeto del domicilio familiar (Costa Rica, Uruguay). Otros países, que establecían un salario mínimo para los trabajadores domésticos que percibían un salario inferior al salario mínimo nacional, han adoptado medidas encaminadas a incrementar los salarios de esos trabajadores, permitiéndoles así llevar una vida digna para ellos y sus familias (la Argentina).

Trabajadores domésticos en cifras

El trabajo doméstico es una fuente significativa de empleo: representa el 1,7 por ciento del empleo mundial total y el 3,6 por ciento del empleo asalariado.

Los datos sobre el trabajo doméstico son muy difíciles de recopilar. La OIT publicó sus primeras estimaciones sobre el trabajo doméstico en 2013 (en el informe Trabajadores domésticos en el mundo). Esta metodología se perfeccionó y adaptó en 2016, y se publicó como parte de las estimaciones mundiales de los trabajadores migrantes. Estos datos fundamentales se complementan con guías de investigación cualitativa y cuantitativa sobre el trabajo doméstico infantil y reflexiones sobre la forma de medir el valor social y económico del trabajo doméstico.[21]

TRABAJADORES MIGRANTES

La aceleración de la globalización económica ha provocado un aumento del número de trabajadores migrantes sin precedentes. El desempleo y la creciente pobreza han inducido a muchos trabajadores de los países en desarrollo a buscar trabajo en el extranjero. De hecho, se estima que el 73 por ciento de los migrantes son trabajadores. En los países desarrollados ha aumentado la demanda de trabajadores, especialmente de trabajadores no calificados. Como consecuencia de ello, son millones los trabajadores y sus familias que viajan a otros países para encontrar trabajo. En los últimos años se ha realizado importantes esfuerzos por obtener datos fiables y comparables sobre la migración laboral. No obstante, como la OIT y la comunidad internacional ya han señalado, persisten importantes lagunas en ese respecto. Para abordar este problema, la OIT ha publicado estimaciones mundiales y regionales relativas a los trabajadores migrantes. Así pues, según tales estimaciones existirían actualmente 244 millones de migrantes en el mundo, lo que equivale al 3,3 por ciento de la población mundial. Las mujeres representan casi la mitad de los migrantes.[22] Los trabajadores migrantes contribuyen a la economía de los países de acogida y las remesas de dinero que envían a sus hogares ayudan a desarrollar las economías de sus países de origen. Sin embargo, al mismo tiempo, es frecuente que los trabajadores migrantes cuenten con una protección social inadecuada y sean vulnerables a la explotación y a la trata de personas. Si bien los trabajadores migrantes con capacitación son menos vulnerables a la explotación, su partida priva a algunos países en desarrollo de trabajadores valiosos que son necesarios para sus respectivas economías. Las normas de la OIT sobre las migraciones ofrecen mecanismos, tanto a los países de origen de los trabajadores migrantes como a los países receptores, que permiten gestionar los flujos migratorios y garantizar una adecuada protección a esta categoría vulnerable de trabajadores.

Instrumentos pertinentes de la OIT

Convenio sobre los trabajadores migrantes (revisado), 1949 (núm. 97) En este convenio se dispone que los Estados que lo hayan ratificado deberán facilitar las migraciones internacionales con fines de empleo, estableciendo y manteniendo un servicio gratuito de asistencia y de información para los trabajadores migrantes, mediante la adopción de medidas contra la propaganda engañosa sobre la emigración y la inmigración. En este convenio también se establecen disposiciones sobre los servicios médicos apropiados para los trabajadores migrantes y la transferencia de ingresos y ahorros. Los Estados deben conceder a los inmigrantes que se encuentren legalmente en su territorio un trato que no sea menos favorable que el que conceden a sus nacionales en una serie de esferas, entre las que se incluyen las condiciones de empleo, la libertad sindical y la seguridad social.

Convenio sobre los trabajadores migrantes (disposiciones complementarias), 1975 (núm. 143)

En el presente convenio se disponen medidas encaminadas a combatir la migración clandestina e ilegal, al tiempo que se establece para los Estados que lo hayan ratificado la obligación de respetar los derechos fundamentales de todos los trabajadores migrantes. En él también se extiende el alcance de la igualdad de trato entre los trabajadores migrantes con residencia legal en un país y los trabajadores nacionales que trasciende las disposiciones del Convenio de 1949, para así garantizar la igualdad de oportunidades y de trato en el empleo y la ocupación, la seguridad social, los derechos sindicales y culturales, y las libertades individuales y colectivas de las personas que, como trabajadores migrantes o como miembros de sus respectivas familias, residen legalmente en el territorio de un Estado que haya ratificado dicho convenio. Los Estados Miembros, que hayan ratificado el convenio, también deberán facilitar la reunificación familiar de los trabajadores migrantes que residen legalmente en su territorio.

Los migrantes en el mundo del trabajo actual: tendencias mundiales y regionales

Si bien la migración es un aspecto fundamental del debate sobre el futuro del trabajo, fenómenos como el cambio tecnológico, los cambios en las relaciones laborales y la erosión del contrato social entre el Estado y otros actores dificultarán cada vez más la gestión de la migración laboral. De hecho, la migración laboral es un fenómeno cada vez más complejo y dinámico que se observa en todo el mundo, ya sea en una misma región o entre diversas regiones. En algunas rutas de migración, por ejemplo, entre Asia y los Estados Árabes o en Asia Sudoriental, la cantidad de migrantes internacionales -la gran mayoría de los cuales son trabajadores- se ha triplicado desde 1990. La migración laboral temporal, especialmente de trabajadores poco cualificados, supera los flujos de migración permanente, lo que plantea un verdadero reto de gobernanza: ¿cómo garantizar el trabajo decente y reducir los costes de la migración para esta categoría de trabajadores migrantes?

Desde su creación, la OIT se ha interesado por la protección de los derechos de los trabajadores migrantes y ha adoptado medidas para hacer frente a las irregularidades y abusos a los que en ocasiones estos trabajadores se ven sometidos, teniendo debidamente en cuenta el complejo equilibrio social, económico y político que ello conlleva. En lo esencial, los instrumentos sobre la migración laboral instan a la cooperación internacional para promover un enfoque de la migración laboral basado en los derechos de las personas en esa esfera. En su estudio general de 2016 sobre los instrumentos relativos a los trabajadores migrantes, la Comisión de Expertos en Aplicación de Convenios y Recomendaciones sostuvo que este objetivo sigue siendo tan pertinente en la actualidad como lo era en el momento de la adopción de los instrumentos en 1949 y 1975, aun cuando algunas disposiciones específicas parezcan un tanto obsoletas, habida cuenta de la evolución contemporánea del fenómeno de las migraciones, lo que no era posible de prever. La Comisión de Expertos, recalcando que los instrumentos existentes ofrecen la posibilidad de abordar los numerosos problemas de migración a los que se enfrentan actualmente los Estados Miembros de la OIT, y teniendo en cuenta su flexibilidad inherente, invitó a la OIT a que iniciara una importante campaña para fomentar la aplicación efectiva de los Convenios núms. 97 y 143 y de las Recomendaciones núms. 86 y 151 en el marco de su Programa sobre la Migración Equitativa. A este respecto, la Comisión de Expertos destacó la importancia de adoptar medidas destinadas a atender las necesidades de las mujeres y de determinados grupos de trabajadores migrantes, como las minorías étnicas y religiosas, las poblaciones rurales e indígenas, los jóvenes, las personas con discapacidad y las personas afectadas por el VIH/SIDA.

GENTE DE MAR

Se estima que el 90 por ciento del comercio mundial recurre al transporte marítimo o fluvial, que a su vez depende de la gente de mar para la explotación de los buques. Por consiguiente, los marinos son esenciales par el comercio internacional y el sistema económico global. Es menester señalar que el transporte marítimo es el primer sector realmente globalizado. Esto significa que, generalmente, marinos de diferentes nacionalidades son contratados a bordo de buques registrados en otro Estado, que pertenecen a un armador que a veces no tiene ni la nacionalidad del buque ni la de alguno de los marinos. En derecho internacional, el Estado del pabellón – que es el país en el que el buque está registrado y cuyo pabellón enarbolará– es el Estado internacionalmente responsable de adoptar y poner en práctica las medidas necesarias que garanticen la seguridad en el mar, en especial, en lo que se refiere a las condiciones de trabajo, independientemente de la nacionalidad de los marinos o del armador.

En los buques que enarbolan el pabellón de Estados que no ejercen jurisdicción ni control efectivo sobre sus buques, tal como lo exige el derecho internacional, los marinos trabajan a menudo en condiciones inaceptables, en detrimento de su bienestar, su salud y, por supuesto, de la seguridad del buque a bordo del cual están empleados. Dado que, frecuentemente, los marinos trabajan fuera de sus países de origen y que, la mayoría de las veces, los empleadores no están situados en el país de origen de los marinos, la existencia de normas internacionales efectivas es una cuestión de fundamental importancia para este sector. Evidentemente, es menester que tales normas sean aplicadas en el plano nacional, en particular, por parte de los gobiernos que poseen un registro de matrícula de los buques y que autorizan a estos últimos a enarbolar su pabellón. La exigencia de normas internacionales ya es reconocida y ampliamente aceptada para las normas relativas a la seguridad en el mar y las relativas a la protección del medio ambiente marino. Es asimismo importante destacar que un número significativo de armadores ofrecen condiciones decentes de vida a sus empleados: estos armadores y los países en los cuales desarrollan sus actividades pagan el precio de una competencia desleal por parte de armadores que operan en buques que no respetan las normas.

El buque a bordo del cual los marinos viven y trabajan durante largos períodos constituye a la vez su hogar y su lugar de trabajo; sus condiciones de trabajo y de vida revisten entonces una importancia capital. La gente de mar está expuesta a múltiples riesgos propios de su profesión, afrontan condiciones climáticas extremas y corren el riesgo de ser abandonados en el extranjero si el armador enfrenta dificultades, especialmente, de carácter financiero.

A esto debe sumársele la intensificación de medidas de seguridad y de controles fronterizos, que ha tornado muy difícil la posibilidad de que los marinos puedan viajar para alcanzar o abandonar un buque en medio de un viaje y que limitan también su posibilidad de bajar a tierra durante las escalas que son necesarias para su bienestar y salud.

Instrumentos pertinentes de la OIT

Con el fin de proteger a la gente de mar en el mundo, así como a su aporte al comercio internacional, la OIT adoptó más de 70 instrumentos (41 convenios y recomendaciones conexas) en el marco de reuniones marítimas especiales de la Conferencia Internacional del Trabajo. Para el sector marítimo, las normas internacionales de la OIT fijan condiciones mínimas de «trabajo decente» y abarcan casi todos los aspectos del trabajo, desde las condiciones mínimas exigidas para el trabajo de la gente de mar a bordo de un buque, (en particular, la edad mínima, el certificado médico, formación y calificaciones) hasta las disposiciones sobre las condiciones de empleo, tales como las horas de trabajo o los períodos de descanso, los salarios, el derecho a vacaciones, la repatriación y el alojamiento, esparcimiento, alimentación y servicio de fonda, pasando por la protección de la salud, el bienestar y la protección en materia de seguridad social. Tales normas comprenden también las pensiones y establecen los documentos de identidad de la gente de mar, internacionalmente reconocidos, con el fin de facilitar los controles fronterizos.

Codificación de las normas marítimas de la OIT

En febrero de 2006, con ocasión de la 10.ª reunión marítima, la 94.ª Conferencia Internacional del Trabajo adoptó el Convenio sobre el trabajo marítimo, 2006 (MLC, 2006). En este convenio se revisan y refunden 37 convenios existentes, así como las recomendaciones conexas. En él se emplea un nuevo formato con actualizaciones, si es necesario, para reflejar las condiciones y el lenguaje modernos. De esta manera, en este convenio de carácter general se contempla, en un único instrumento, los derechos de 1,5 millones de gente de mar de todo el mundo a gozar de condiciones de trabajo decentes en lo que atañe a la casi totalidad de los diversos aspectos de sus condiciones de trabajo y de vida, entre ellos, la edad mínima, los acuerdos de empleo, las horas de trabajo o descanso, el pago de salarios, vacaciones anuales pagadas, repatriación a término de contrato, atención médica a bordo, uso de servicios de contratación y colocación autorizados, alojamiento, alimentación y servicio de comidas, protección de la seguridad y la salud y prevención de accidentes, así como los procedimientos de tramitación de quejas de los marineros.[23]

El MLC, 2006 se aplica a una amplia gama de buques que realizan viajes internacionales o nacionales, con excepción de aquellos buques que navegan exclusivamente en aguas interiores o en aguas situadas en las inmediaciones de aguas protegidas o en zonas en las que se aplican las reglamentaciones portuarias; los buques dedicados a la pesca u otras actividades similares; las embarcaciones de construcción tradicional, como los *dhows* y los juncos; y los buques de guerra y las unidades navales auxiliares.

Para su entrada en vigor, el MLC exigía que se registraran como mínimo las ratificaciones de 30 Estados Miembros, lo que representaba al menos el 33 por ciento del arqueo bruto de la flota mercante mundial. El 20 de agosto de 2012, se cumplieron ambas condiciones y el Convenio entró en vigor 12 meses más tarde, el 20 de agosto de 2013. Al 30 de noviembre de 2018, el convenio había sido ratificado por más de 89 países que representan más del 90 por ciento del arqueo bruto de la flota mercante mundial y sigue recibiendo ratificaciones a un ritmo constante.

Con vistas a lograr un impacto de amplio alcance en los mecanismos de aplicación en el nivel nacional, así como a seguir promoviendo su ratificación generalizada, la OIT organizó una amplia gama de actividades para el fortalecimiento de capacidades, tales como seminarios tripartitos a nivel nacional y ha desarrollado una gran variedad de recursos, tales como el sitio web dedicado al MLC, 2006, en el que se dispone de información actualizada sobre tales actividades y sobre la base de datos relativa al convenio, la base de datos MLC, 2006, que contiene información específica sobre implementación del Convenio por parte de los países que lo hayan ratificado, así como orientaciones para la aplicación del Convenio y disposiciones modelo para la legislación nacional. Asimismo, la Academia de Trabajo Marítimo, situada en el Centro de Formación Internacional de la OIT de Turín, organiza talleres sobre el MLC, 2006, entre ellos, cursos de capacitación de corta duración con residencia para inspectores y formadores de inspectores del trabajo marítimo, talleres en cooperación con las organizaciones internacionales representativas de marinos y armadores y talleres sobre elaboración de legislación.

En junio de 2013, el Consejo de Administración de la OIT adoptó el Reglamento del Comité Tripartito Especial, establecido para dar cumplimiento al artículo XIII del MLC, 2006 con el fin de examinar continuamente la aplicación del Convenio. En virtud este último, el Comité tiene competencias para examinar y proponer a la Conferencia Internacional del Trabajo enmiendas al Código del Convenio y desempeña una importante función consultiva en virtud del artículo VII respecto de los países en que no existan organizaciones representativas de armadores ni de la gente de mar a las cuales consultar sobre la aplicación del MLC, 2006. El Comité celebró su primera reunión en abril 2014, durante la cual se adoptaron enmiendas muy importantes al Código del Convenio con el fin de garantizar el establecimiento de un mecanismo rápido y eficaz de garantía financiera para poder indemnizar a la gente de mar en caso de abandono o de incapacidad de larga duración causados por un accidente de trabajo o por fallecimiento. Estas enmiendas fueron luego aprobadas por la Conferencia Internacional del Trabajo en junio de 2014 y entraron en vigor el 18 de enero de 2017. Posteriormente, en 2016 y en 2018 se adoptaron dos series de enmiendas al MLC, 2006. Uno de los objetivos de estas enmiendas consiste en incorporar la prevención del acoso y la intimidación entre las disposiciones relativas a la seguridad y la salud en el trabajo y en abordar la situación de la gente de mar que es víctima de actos de piratería o robo a mano armada, cuando se encuentran en situación de cautiverio. Así pues, se pretende garantizar el mantenimiento del acuerdo de trabajo durante el período de cautiverio, así como el pago de los salarios y el derecho a la repatriación. Se prevé que estas enmiendas entren en vigor en los próximos años.

Simultáneamente, el Convenio sobre los documentos de identidad de la gente de mar (revisado), 2003 (núm. 185), fue objeto de una importante labor de actualización de su contenido y de incorporación de los progresos realizados desde su adopción en materia de protección de los documentos de identidad. Como consecuencia de ello, se adoptaron enmiendas a los anexos del Convenio núm. 185, que entraron en vigor el 8 de junio de 2017. Este instrumento constituye una contribución fundamental a la seguridad del transporte marítimo para luchar contra las amenazas terroristas, pero sobre todo permite responder a las necesidades de la gente de mar que se encuentra en tránsito o que está trasladándose a otro buque para embarcar o ser repatriados. Por otra parte, este instrumento facilita el permiso en tierra, que resulta indispensable para el bienestar y la salud de estos trabajadores, que a menudo permanecen a bordo de un buque durante varios meses consecutivos.

Por último, como parte del mecanismo de examen de las normas, en abril de 2018, el Comité Tripartito Especial comenzó a evaluar la pertinencia de los instrumentos marinos aprobados antes del MLC, 2006. En última instancia, el objetivo es mantener en vigor un único compendio sólido y actualizado de normas internacionales del trabajo marítimo que satisfaga la necesidad de proteger a la gente de mar y garantice que los operadores del transporte marítimo compitan lealmente entre sí. En esa ocasión, el Comité Tripartito Especial subrayó la necesidad de dar prioridad a la ratificación del MLC, 2006, en su versión modificada, que es el instrumento de referencia universalmente reconocido en el sector del transporte marítimo.

PESCADORES

Se estima que más de 58 millones de personas trabajan en el sector primario de la pesca de captura y de la acuicultura, de los cuales el 37 por ciento a tiempo completo, el 23 por ciento a tiempo parcial y el resto como pescadores ocasionales o con estatus indeterminado. Más de 15 millones de personas trabajan a tiempo completo a bordo de buques pesqueros. La pesca supone la realización, durante largas horas, de tareas extenuantes en el mar, que con frecuencia se convierte en un medio hostil. Los pescadores pueden tener que utilizar equipos peligrosos, simples o complejos, para capturar, clasificar y almacenar la pesca. En muchos países, las tasas de lesiones y fallecimientos en este sector son muy superiores a la media nacional de los demás sectores. En caso de accidente o de enfermedad en el mar, los pescadores están lejos de los centros médicos profesionales y deben encomendarse a las personas que están a bordo del buque para recibir los cuidados necesarios; los servicios de evacuación médica varían considerablemente según los países y las regiones. Los buques pesqueros pueden permanecer en el mar durante largos períodos, faenando en caladeros alejados de la costa. Los pescadores tropiezan a menudo con dificultades para obtener permiso para bajar a tierra en puertos extranjeros y con problemas para obtener visado que les autorice a subir a bordo o a bajar del buque en países extranjeros. Las relaciones laborales entre los empleadores (con frecuencia, los propietarios de buques pesqueros) y los pescadores son de diverso tipo. Existen dos sistemas fundamentales de remuneración en el sector: el sistema de remuneración fija y el de remuneración proporcional. En el primer caso, el salario se fija en función de un período determinado. En el segundo caso, los pescadores obtienen un porcentaje de los ingresos o beneficios brutos de la expedición de pesca de que se trate. A veces los pescadores perciben un salario mínimo bajo que se complementa con una remuneración proporcional a las capturas o con primas (por ejemplo, en lo que atañe a la detección de peces). En muchos países, los pescadores son considerados «trabajadores por cuenta propia» en virtud de esas disposiciones.

Con vistas a dar respuesta a las necesidades específicas de los trabajadores y trabajadoras del sector de la pesca, la OIT ha desarrollado normas encaminadas a ofrecerles una protección especial. Dada la importancia de la industria de la pesca y los progresos que han tenido lugar desde la adopción de las normas sobre la pesca en 1959 y 1966 y teniendo en cuenta que los buques pesqueros quedaron puntualmente excluidos del ámbito de aplicación del Convenio sobre trabajo marítimo, 2006, la Conferencia Internacional del Trabajo adoptó en su 97.a reunión el Convenio sobre el trabajo en la pesca, 2007 (núm. 188) y la Recomendación sobre el trabajo en la pesca, 2007 (núm. 199) que tienen por objeto establecer un marco normativo integral referido a las condiciones de vida y de trabajo de los pescadores. Hasta el presente, el Convenio núm. 188 ha sido ratificado por diez Estados Miembros y entró en vigor el 16 de noviembre de 2017.

Habida cuenta de la necesidad de revisar los siguientes convenios internacionales, a saber, el Convenio sobre la edad mínima (pescadores), 1959 (núm. 112), el Convenio sobre el examen médico de los pescadores, 1959 (núm. 113), el Convenio sobre el contrato de enrolamiento de los pescadores, 1959 (núm. 114) y el Convenio sobre el alojamiento de la tripulación (pescadores), 1966 (núm. 126), el Convenio núm. 188 actualiza estos instrumentos y su finalidad no es otra que alcanzar al mayor número posible de pescadores del mundo entero y, más concretamente, a aquellos que faenan en los barcos de menor eslora. El objetivo del presente convenio es garantizar que los pescadores disfruten de condiciones de trabajo dignas a bordo de los buques pesqueros en lo que respecta a las condiciones mínimas de trabajo a bordo, las condiciones de servicio, el alojamiento y la alimentación, la protección de la seguridad y la salud en el trabajo, la atención médica y la seguridad social. Este convenio se aplica a la totalidad de la pesca comercial, con excepción de la pesca de subsistencia y recreativa, a todos los buques, independientemente de sus dimensiones, y a todos los pescadores, incluidos los que reciben una remuneración sobre la base de la distribución de la pesca.

Entre las múltiples mejoras, el nuevo acuerdo:
• eleva a 16 años la edad mínima para trabajar a bordo de un buque pesquero,
• fija en dos años el período máximo de validez de un certificado médico,
• exige la adopción de legislación sobre la dotación mínima de la tripulación,
• define los períodos mínimos de descanso diario y semanal para los buques que permanezcan más de tres días en el mar,
• establece el derecho de repatriación de los pescadores a expensas del propietario del buque pesquero y, por último, incorpora disposiciones sobre el control por parte del Estado rector del puerto sobre la base de las normas aplicables en el sector marítimo.

Otro instrumento anterior de la OIT

Convenio sobre los certificados de competencia de pescadores, 1966 (núm. 125)
En este convenio se insta a los Estados que lo hayan ratificado a que adopten normas sobre las cualificaciones necesarias para obtener un certificado de competencia que capacita a la persona que lo posee para ejercer las funciones de patrón, segundo o maquinista a bordo de un buque pesquero, y a que la autoridad competente organice y supervise exámenes que garanticen que los candidatos cuentan con las cualificaciones necesarias. En el convenio se determinan la edad mínima y la experiencia profesional mínima necesaria para cada profesión y las competencias requeridas para determinadas categorías de pescadores, así como los distintos niveles de certificación para los que los candidatos deben demostrar su cualificación.

TRABAJADORES PORTUARIOS

Para muchos países, el sector de la operación portuaria representa hoy un eslabón importante en la red de transporte, que debe mejorar constantemente para poder satisfacer las demandas del comercio internacional. El aumento del volumen de las mercancías transportadas, la creciente sofisticación de las infraestructuras, el extendido uso de contenedores y la magnitud de las inversiones de capital necesarias para el desarrollo de las actividades de operación portuaria han supuesto profundas reformas en el sector. Lo que en un tiempo fue un sector que requería sobre todo mano de obra ocasional y poco calificada, ahora necesita trabajadores mucho más calificados que figuren cada vez más en los registros. Al mismo tiempo, son crecientes las demandas de que los trabajadores portuarios sean cada vez más productivos y que trabajen por turnos, mientras que se ha ido reduciendo el número total de trabajadores portuarios. Los países en desarrollo se han visto en dificultades a la hora de financiar el desarrollo de las infraestructuras portuarias que son cada vez más sofisticadas. Las normas de la OIT contribuyen a hacer frente a estos desafíos al abordar dos características del trabajo portuario: la necesidad de una protección específica, en razón de los peligros para la seguridad y la salud a los que están expuestos en su trabajo los trabajadores portuarios, y el impacto de los progresos tecnológicos y del comercio internacional en su trabajo y en la organización del trabajo en los puertos.

Instrumentos pertinentes de la OIT

Convenio sobre el trabajo portuario, 1973 (núm. 137)

En este Convenio se abordan los nuevos métodos de trabajo portuario y su impacto en el empleo y en la organización de la profesión. En él se fijan dos objetivos principales: en primer lugar, proteger a los trabajadores portuarios durante su vida profesional, a través de medidas relacionadas con las condiciones de acceso y de realización del trabajo; y, en segundo lugar, prever y controlar, de la mejor manera posible, a través de medidas apropiadas, las fluctuaciones en el trabajo y en la mano de obra que se requieren para realizarlo.

Convenio sobre seguridad e higiene (trabajos portuarios), 1979 (núm. 152)

En este Convenio se establece que los Estados que lo hayan ratificado, deberán adoptar medidas con miras a: proporcionar y mantener lugares y equipos y utilizar métodos de trabajo que sean seguros y no entrañen riesgos para la salud; proporcionar y mantener medios seguros de acceso a los lugares de trabajo; proporcionar la información, la formación y el control necesarios para asegurar la protección de los trabajadores contra el riesgo de accidentes o de daño para la salud a causa del trabajo o durante este; proporcionar a los trabajadores todo el equipo y las prendas de protección personal, y todos los medios de salvamento que razonablemente resulten necesarios; proporcionar y mantener servicios apropiados y suficientes de primeros auxilios y de salvamento; y elaborar y fijar procedimientos apropiados para hacer frente a cualesquiera situaciones de urgencia que pudieran surgir.

PUEBLOS INDÍGENAS Y TRIBALES

Los pueblos indígenas y tribales tienen sus propias culturas, formas de vida, tradiciones y normas consuetudinarias. Desafortunadamente, a lo largo de la historia, la falta de respeto hacia las culturas indígenas y triba- les ha conducido a muchos casos de conflictos sociales y a baños de san- gre. Actualmente, la comunidad internacional ha aceptado el principio de que las culturas, las formas de vida, las tradiciones y las normas consuetudinarias de los pueblos indígenas y tribales son valiosas y han de ser respetadas y protegidas, y que los pueblos indígenas y tribales deben participar en los procesos de adopción de decisiones en los países en los que viven. En las normas más recientes de la OIT sobre este tema se consagran estos principios y se establece un marco para que los gobiernos, las organizaciones de los pueblos indígenas y tribales y las organizaciones no gubernamentales puedan garantizar el desarrollo de estos pueblos, respetando plenamente sus necesidades y deseos.

Instrumentos pertinentes de la OIT

El **Convenio sobre pueblos indígenas y tribales, 1989 (núm. 169)** y el que lo precedió, el **Convenio sobre poblaciones indígenas y tribuales, 1957 (núm. 107)** son, hasta el presente, los únicos tratados internacionales que se ocupan exclusivamente de los derechos de los pueblos indígenas y tribales. En el Convenio núm. 169, que se considera un instrumento actualizado y que revisó el Convenio núm. 107, se establecen la consulta y la participación de los pueblos indígenas y tribales en las políticas y en los programas que puedan afectarles. En él se dispone el goce de los derechos fundamentales y se establecen políticas generales para los pueblos indígenas y tribales en cuestiones tales como las costumbres y las tradiciones, el derecho a propiedad, la utilización de los recursos naturales encontrados en tierras tradicionales, el empleo, la capacitación profesional, las artesanías y las industrias rurales, la seguridad social y la salud, la educación, los contactos y la comunicación a través de las fronteras.

Derechos de los pueblos indígenas y tribales en la práctica

A lo largo de los años, muchos países han venido adoptando o enmendando leyes para aplicar el Convenio núm. 169. Varios países latinoamericanos, entre ellos, el Estado Plurinacional de Bolivia, Colombia, México, Nicaragua, el Perú y la República Bolivariana de Venezuela, han reconocido en sus Constituciones el carácter multiétnico y multicultural de sus respectivas poblaciones. Muchos países también han adoptado medidas encaminadas a garantizar la autonomía, la participación y las consultas. Por ejemplo, en 1987, Noruega creó el Sameting, un parlamento para el pueblo Sami, con competencias consultivas y con facultades administrativas limitadas. Por su parte, Dinamarca ha establecido la autoridad responsable de la aplicación de la ley de autonomía de Groenlandia, con competencias en un gran número de asuntos locales para que el pueblo Inuita de Groenlandia pueda autogobernarse. En 2018, Luxemburgo se convirtió en el 23° país en ratificar este convenio.

Los pueblos indígenas y el cambio climático: De víctimas a agentes del cambio por medio del trabajo decente

En el informe titulado *Los pueblos indígenas y el cambio climático*, publicado en 2018, la OIT analizó la situación de los pueblos indígenas en el contexto del cambio climático. En el informe se sugiere que el cambio climático afecta a los pueblos indígenas de diferentes maneras, al igual que las políticas o las medidas necesarias para abordarlo. Al mismo tiempo, en dicho informe se pone de relieve que, como agentes del cambio, los pueblos indígenas son esenciales para la eficacia de las políticas y medidas destinadas a mitigar el cambio climático y adaptarse a él, sobre todo en lo que atañe a su modelo económico sostenible y a sus conocimientos tradicionales. En el informe se destaca la importancia del Programa de Trabajo Decente, incluido el Convenio núm. 169 de la OIT y las directrices para una transición justa, para empoderar a las mujeres y los hombres indígenas y para asegurar que se conviertan en asociados en el desarrollo sostenible y la adopción de medidas enérgicas en relación con el clima.

El Convenio núm. 169 y los Acuerdos de Paz

En dos oportunidades, la ratificación del Convenio núm. 169 constituyó un elemento fundamental de los acuerdos de paz que condujeron al término de conflictos armados internos originados en la exclusión de las comunidades indígenas. En Guatemala, el Acuerdo de Paz Firme y Duradera puso fin a 36 años de guerra civil, en diciembre de 1996. Este Acuerdo puso en vigor varios acuerdos previos negociados durante un período de seis años, tales como el Acuerdo sobre la identidad y los derechos de los pueblos indígenas, firmado el 31 de marzo de 1995, por el Gobierno y la Unidad Revolucionaria Nacional Guatemalteca (URNG). Los acuerdos de paz facilitaron la ratificación del Convenio núm. 169 por parte de Guatemala el 5 de junio de 1996. En Nepal, el término formal del conflicto armado que comenzó en febrero de 1996 se alcanzó el 21 de noviembre de 2006 con la firma de un Acuerdo de Paz Integral entre el Gobierno y el Partido Comunista de Nepal (maoísta). El proceso de paz consistió en varios acuerdos, alguno de los cuales incluían disposiciones sobre la ratificación del Convenio núm. 169, el cual fue efectivamente ratificado por Nepal el 14 de septiembre de 2007.

OTRAS CATEGORÍAS PARTICULARES DE TRABAJADORES

En la mayoría de los casos, las normas internacionales del trabajo tienen valor universal y se aplican a todos los trabajadores y a todas las empresas. Algunas normas mencionadas anteriormente atañen a determinadas industrias, como el sector marítimo, y otras normas versan sobre asuntos relacionados con el trabajo en sectores muy específicos de la actividad económica (plantaciones, hoteles, restaurantes) o con grupos específicos de trabajadores (personal de enfermería y trabajadores a domicilio).

Instrumentos pertinentes de la OIT

Convenio sobre las plantaciones, 1958 (núm. 110) y su Protocolo de 1982
Las plantaciones todavía constituyen un importante factor económico en muchos países en desarrollo. Estos instrumentos comprenden la contratación y el empleo de los trabajadores migrantes, y otorgan a los trabajadores de las plantaciones una protección respecto de los contratos de trabajo, los salarios, el tiempo de trabajo, la asistencia médica, la protección de la maternidad, las indemnizaciones por accidentes del trabajo, la libertad sindical, la inspección del trabajo y la vivienda.

Convenio sobre el personal de enfermería, 1977 (núm. 149)
Debido al aumento producido en el número de servicios de salud, muchos países carecen de un personal de enfermería suficientemente capacitado. Un gran número de enfermeros y enfermeras son trabajadores migrantes que afrontan desafíos particulares. En el convenio se dispone que todo Estado que lo haya ratificado tiene que adoptar medidas adecuadas encaminadas a proporcionar al personal de enfermería una educación y capacitación adecuadas, así como condiciones de contratación y de trabajo, incluidas perspectivas de desarrollo profesional y de remuneración, que sean capaces de atraer y retener al personal en esa profesión. Los enfermeros y las enfermeras deben gozar de condiciones que sean como mínimo equivalentes a aquellas de las que gozan otros trabajadores del país de que se trate, ello en lo referido a horas de trabajo, descanso semanal, vacaciones anuales pagadas, licencia de estudios, licencia de maternidad, licencia de enfermedad y seguridad social.

Convenio sobre las condiciones de trabajo (hoteles y restaurantes), 1991 (núm. 172)
El sector de la hotelería, la restauración y el turismo es uno de los sectores económicos de más rápido crecimiento en el mundo. Se trata también de uno de los sectores más intensivos en empleo, debido a su alta tasa de empleo y al importante efecto multiplicador sobre la ocupación en

otras industrias conexas. Con todo, el sector se caracteriza por sus malas condiciones de trabajo, que pueden explicarse por varios factores: la fragmentación del sector con una mayoría de pequeñas y medianas empresas, en las que la tasa de sindicación es baja; los bajos niveles de salarios y cualificaciones exigidos; el trabajo por turnos, el trabajo nocturno y el trabajo estacional. Con el fin de mejorar las condiciones de trabajo de estas personas y de ponerlas en consonancia con las de otros sectores, en el convenio se prevé un número razonable de horas de trabajo y se establecen disposiciones sobre las horas extraordinarias, los períodos de descanso y las vacaciones anuales pagadas. Por otra parte, en él se prohíbe la compra y venta de trabajos en hoteles y restaurantes.

Convenio sobre el trabajo a domicilio, 1996 (núm. 177)

Los trabajadores a domicilio, la mayoría de los cuales son mujeres, constituyen una categoría de trabajadores especialmente vulnerable, como consecuencia de que a menudo trabajan para el sector informal y carecen de protección jurídica, de su aislamiento y de su débil posición para negociar. El objetivo del convenio consiste en promover la igualdad de trato entre los trabajadores a domicilio y los demás trabajadores asalariados, especialmente en lo que atañe a la libertad sindical, la protección contra la discriminación, la seguridad y la salud en el trabajo, la remuneración, la seguridad social, el acceso a la formación, la edad mínima de admisión al trabajo y la protección de la maternidad.

De la explotación sexual a un empleo en el sector de la hotelería

La pobreza y la falta de oportunidades de empleo inducen a las adolescentes que viven en las zonas costeras de Madagascar a ser objeto de la explotación comercial sexual infantil. Un proyecto de la OIT presta apoyo a los esfuerzos locales para luchar contra este flagelo, una de las peores formas de trabajo infantil. Entre 2014 y 2016, la OIT, en cooperación con el UNICEF, puso en marcha un proyecto para que los adolescentes menores de edad que habían caído en ese flagelo pudieran abandonar ese entorno para aprender un oficio. Se trata de menores de edad, en su mayoría niñas, pero también niños que han actuado como «intermediarios». Así pues, se les impartió una formación de tres meses en el sector de la hotelería y la restauración (camareras, mucamas, cocineras, personal de servicio de bar), un sector para el que los empresarios de la región tienen dificultades para contratar personal competente. La formación teórica finalizó con una pasantía de tres meses en empresas, que dio lugar a varias contrataciones. Una de las beneficiarias de este programa, que ahora tiene 22 años, explica que había caído en la trampa de la explotación sexual comercial entre los 15 y los 20 años. Proveniente de una familia pobre de cinco hijos, cuenta su calvario y sus encuentros por sumas ínfimas. Hoy en día, esta joven mujer ha abandonado completamente este entorno. Gracias a la formación que ha recibido, ahora trabaja como camarera en el restaurante del hotel. Afirma estar feliz y sueña con tener, en pocos años, su propia tienda de comida rápida (que localmente se conoce como «gargote»).[24]

Condiciones de trabajo en el sector de la salud

Además de promover la protección social de la salud para todos los trabajadores, la OIT fomenta mejores condiciones de trabajo para los trabajadores de la salud mediante normas del trabajo sectoriales y el diálogo social. La escasez de trabajadores de la salud calificados coincide con mayores expectativas de vida, el uso creciente de tecnología médica especializada y el aumento de enfermedades nuevas y resistentes a los medicamentos. Entretanto, los hospitales y otros establecimientos de salud son rara vez considerados como lugares de trabajo. Dado que la demanda de servicios de salud aumenta y la escasez de personal de la salud calificado se vuelve más grave, las condiciones de trabajo se deterioran y la calidad de la asistencia médica puede estar en peligro. La escasez crítica de trabajadores en los países más pobres se exacerba aún más por el hecho de que los países ricos ofrecen mejores condiciones de trabajo a los trabajadores de la salud migrantes. La OIT colabora con la OMS para abordar estos desafíos al reconocer a los establecimientos de salud como ambientes de trabajo únicos y fomentar la introducción de mejoras en las condiciones de trabajo, con vistas a alentar y apoyar a los trabajadores de la salud a que ofrezcan asistencia de alta calidad en sus propias comunidades.

APLICACIÓN Y PROMOCIÓN DE LAS NORMAS INTERNACIONALES DEL TRABAJO

La OIT lleva casi un siglo contribuyendo al avance de la justicia social en el planeta. Ello se basa en un proceso de toma de decisiones único entre las instituciones internacionales de gobernanza. El valor del «tripartismo», un principio que ocupa un lugar central en el funcionamiento de la OIT, es ampliamente reconocido, y se considera que este principio es el motivo por el cual la Organización tiene una influencia sin parangón en la concreción de los derechos laborales en todo el mundo. Sin embargo, si bien el primer paso hacia la protección jurídica de los trabajadores y de los empleadores a nivel internacional es la adopción de normas laborales, no por ello es menos importante el control de la aplicación de estas normas. El sistema de control de la OIT es multidimensional y se fundamenta en las normas y principios de la OIT. Entre los numerosos mecanismos de control de las organizaciones internacionales y regionales, se considera que el sistema especial que aplica la OIT para promover el cumplimiento de las normas del trabajo es uno de los más sofisticados y eficaces.

De hecho, las normas internacionales del trabajo están respaldadas por órganos internacionales de control únicos que contribuyen a garantizar que los Estados apliquen los convenios que ratifican. La OIT examina periódicamente la aplicación de las normas en los Estados Miembros y determina las esferas en las que se pueden introducir mejoras. En caso de que surjan problemas en la aplicación de las normas, la OIT trata de ayudar a los países afectados, en especial mediante el diálogo social y la asistencia técnica.

EL SISTEMA DE CONTROL REGULAR

Cuando un país ratifica un convenio de la OIT, se ve obligado a presentar memorias regulares sobre las medidas que ha adoptado para aplicarlo. Cada tres años, los gobiernos deben transmitir memorias con información detallada sobre las medidas que se han adoptado, en la legislación y en la práctica, para aplicar cualesquiera de los ocho convenios fundamentales y los cuatro convenios de gobernanza que hubiesen ratificado. En cuanto a los demás convenios, las memorias deben presentarse cada seis años, excepto en el caso de los convenios que han sido dejados de lado (es decir, de aquellos convenios cuya aplicación no es objeto de un control periódico). Las memorias sobre la aplicación de los convenios pueden solicitarse a intervalos más breves. Los gobiernos deben comunicar copias de sus memorias a las organizaciones de empleadores y de trabajadores. Estas organizaciones pueden formular comentarios sobre las memorias de los gobiernos; asimismo, pueden enviar comentarios sobre la aplicación de los Convenios directamente a la OIT.

La Comisión de Expertos en Aplicación de Convenios y Recomendaciones

En 1926, se creó la Comisión de Expertos, con el fin de examinar el creciente número de memorias de los gobiernos sobre los convenios ratificados. Actualmente, está compuesta por 20 eminentes juristas, nombrados por el Consejo de Administración por periodos de tres años. Los expertos proceden de diferentes regiones geográficas y de diferentes sistemas jurídicos y culturas. El cometido de la Comisión de Expertos es la realización de una evaluación técnica imparcial de la aplicación de las normas internacionales del trabajo por parte de los Estados Miembros.

A la hora de proceder al examen de la aplicación de las normas internacionales del trabajo, la Comisión de Expertos efectúa dos tipos de comentarios: *observaciones y solicitudes directas*. Las observaciones contienen comentarios sobre las cuestiones fundamentales planteadas por la aplicación de un determinado convenio por parte de un Estado. Estas observaciones se publican en el informe anual de la Comisión. Las solicitudes directas se relacionan con cuestiones más técnicas o con peticiones de mayor información. No se publican en el informe, sino que se comunican directamente a los gobiernos concernidos.[25]

El informe anual de la Comisión de Expertos consta de tres partes. La Parte I contiene el Informe general, que incluye los comentarios acerca del respeto de los Estados Miembros de sus obligaciones constitucionales; la Parte II contiene las observaciones sobre la aplicación de las normas internacionales del trabajo; y la Parte III contiene un estudio general sobre un tema particular elegido por el Consejo de Administración de la OIT (véase más adelante la sección sobre los estudios generales).

Procedimiento de control regular

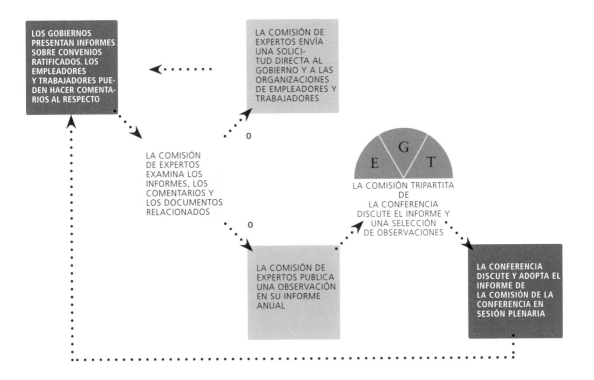

LOS GOBIERNOS PRESENTAN INFORMES SOBRE CONVENIOS RATIFICADOS. LOS EMPLEADORES Y TRABAJADORES PUEDEN HACER COMENTARIOS AL RESPECTO

LA COMISIÓN DE EXPERTOS ENVÍA UNA SOLICITUD DIRECTA AL GOBIERNO Y A LAS ORGANIZACIONES DE EMPLEADORES Y TRABAJADORES

LA COMISIÓN DE EXPERTOS EXAMINA LOS INFORMES, LOS COMENTARIOS Y LOS DOCUMENTOS RELACIONADOS

E G T
LA COMISIÓN TRIPARTITA DE LA CONFERENCIA DISCUTE EL INFORME Y UNA SELECCIÓN DE OBSERVACIONES

LA COMISIÓN DE EXPERTOS PUBLICA UNA OBSERVACIÓN EN SU INFORME ANUAL

LA CONFERENCIA DISCUTE Y ADOPTA EL INFORME DE LA COMISIÓN DE LA CONFERENCIA EN SESIÓN PLENARIA

La Comisión de Aplicación de Normas de la Conferencia

El informe anual de la Comisión de Expertos, que generalmente se adopta en diciembre, se presenta a la siguiente Conferencia Internacional del Trabajo, en el mes de junio, donde es examinado por la Comisión de Aplicación de Normas de la Conferencia. Esta Comisión, que es permanente, está compuesta por delegados de los gobiernos, de los empleadores y de los trabajadores. Examina el Informe en un marco tripartito y selecciona del mismo diversas observaciones que serán objeto de debate. Los gobiernos mencionados en estos comentarios son invitados a responder ante la Comisión de la Conferencia y a comunicar información sobre la situación en examen. En muchos casos, la Comisión de la Conferencia adopta conclusiones, recomendando a los gobiernos que adopten medidas específicas para solucionar un problema o que acepten misiones o asistencia técnica de la OIT. Los debates y conclusiones sobre los casos individuales (generalmente 24 casos) examinados por esta comisión se publican en su informe. Las situaciones especialmente preocupantes se destacan en párrafos especiales de su Informe General.

El impacto del sistema de control regular

Casos en los que la Comisión de Expertos en Aplicación de Convenios y Recomendaciones ha tomado nota de los progresos realizados

Desde 1964, la Comisión de Expertos toma nota del numero de *casos de progreso* respecto de los cuales ha observado cambios en la legislación y en la práctica que mejoran la aplicación de los convenios ratificados. Hasta el presente, se ha tomado nota de casi 3.000 casos de progreso (casos en los que la comisión ha expresado su «satisfacción»).

Desde que la Comisión de Expertos comenzó a señalar los casos de satisfacción en sus informes, ha seguido utilizando los mismos criterios generales. De hecho, la Comisión de Expertos expresa su satisfacción en los casos en que, tras sus comentarios sobre un problema particular, los gobiernos han tomado medidas, ya sea mediante la adopción de nueva legislación, una enmienda a la legislación existente o un cambio significativo en la política o la práctica nacionales, logrando así un mayor cumplimiento de sus obligaciones en virtud de los convenios en cuestión. Al expresar su satisfacción, la Comisión indica al Gobierno y a los interlocutores sociales que, en su opinión, se ha resuelto el problema concreto. La finalidad de registrar los casos de satisfacción es doble:

• reconocer formalmente que la Comisión acoge con agrado las medidas positivas adoptadas por los gobiernos en respuesta a sus comentarios; y

• servir de ejemplo a otros gobiernos e interlocutores sociales que se enfrentan a problemas similares.

El impacto del sistema de control regular no se limita sólo a los casos de progreso. La Comisión de Expertos analiza cada año si los Estados Miembros han cumplido su obligación de someter los instrumentos adoptados a sus órganos legislativos para su consideración. Incluso si un Estado decide no ratificar un convenio, puede optar por armonizar su legislación con el mismo. Los Estados Miembros revisan regularmente los comentarios que la Comisión de Expertos formula sobre la aplicación de los convenios en otros países y pueden, por ende, enmendar su propia legislación y su propia práctica, con vistas a evitar problemas similares en la aplicación de una norma, o para emular las buenas prácticas. Cuando se ha ratificado un convenio, la Comisión envía con frecuencia solicitudes directas a los gobiernos, en las que señala problemas aparentes en la aplicación de una norma, dando al país de que se trate tiempo para responder y tratar estas cuestiones antes de que se publique cualquier comentario en su informe. Las intervenciones de la Comisión de Expertos facilitan el diálogo social, al instar a los gobiernos a que revisen la aplicación de una norma y que compartan esta información con los interlocutores sociales, que también pueden comunicar información. El diálogo social que así se entable puede contribuir a la resolución y la prevención de otros problemas.

Millones de usuarios pueden consultar, a través de Internet, los informes de la Comisión de Expertos en Aplicación de Convenios y Recomendaciones y de la Comisión de Aplicación de Normas de la Conferencia. Los gobiernos y los interlocutores sociales pueden, así, tener un incentivo aún mayor para resolver los problemas que se plantean en la aplicación de las normas, con miras a evitar los comentarios críticos de estos dos órganos. Cuando los Estados Miembros así lo solicitan, la Oficina Internacional del Trabajo brinda una asistencia técnica sustancial para la elaboración y revisación de la legislación nacional, con el fin de garantizar su conformidad con las normas internacionales del trabajo. De este modo, los órganos de control también desempeñan una función importante al evitar que surjan problemas en la aplicación de las normas desde su concepción.

RECLAMACIONES

El procedimiento de reclamación se rige por los artículos 24 y 25 de la Constitución de la OIT. Este procedimiento garantiza a las organizaciones profesionales de empleadores y de trabajadores el derecho de presentar al Consejo de Administración de la OIT una reclamación contra cualquier Estado Miembro que, en su opinión, «no ha adoptado medidas para el cumplimiento satisfactorio, dentro de su jurisdicción, de un convenio en el que dicho Miembro sea parte». Podrá establecerse un comité tripartito del Consejo de Administración, compuesto por tres miembros, para examinar la reclamación y la respuesta del gobierno. El informe que el comité somete al Consejo de Administración contempla los aspectos jurídicos y prácticos del caso, examina la información presentada y concluye formulando recomendaciones. Hasta el decenio de 2000, si la respuesta del Gobierno no parecía satisfactoria, el Consejo de Administración podía hacer pública la reclamación recibida y la respuesta que se había proporcionado. En los últimos años, los informes de los comités tripartitos se han hecho públicos sistemáticamente y se pueden consultar en el sitio web de la OIT. Por otra parte, en caso de que no se adopten medidas por parte de un gobierno, la Comisión de Expertos podrá encargarse del seguimiento, o bien el caso, cuando se trate de los casos de mayor gravedad, podrá dar lugar a la presentación de una queja, en cuyo caso el Consejo de Administración podrá decidir la creación de una comisión de encuesta. Por último, en el caso de una reclamación relativa a la aplicación de los Convenios Nos. 87 y 98, generalmente se remite al Comité de Libertad Sindical para su examen, de conformidad con las normas que rigen las reclamaciones.

¿Quién puede presentar una reclamación?

Las organizaciones nacionales e internacionales de empleadores y de trabajadores pueden presentar reclamaciones en virtud del artículo 24 de la Constitución de la OIT. Los individuos no pueden presentar reclamaciones directamente a la OIT, pero pueden comunicar la información pertinente a su organización de trabajadores o de empleadores.

Procedimiento de reclamación

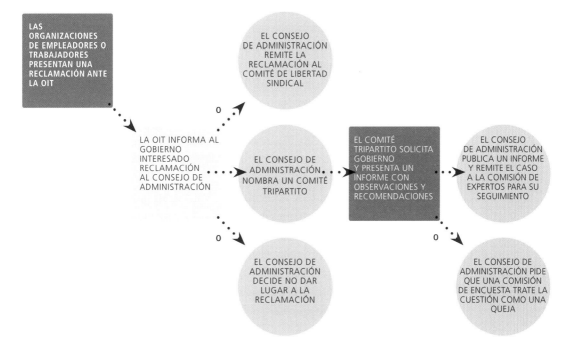

Las reclamaciones en la práctica

Grecia ratificó el Convenio sobre la inspección del trabajo, 1947 (núm. 81) en 1955. En 1994, aprobó una ley que descentralizaba la inspección del trabajo, colocándola bajo la responsabilidad de las administraciones de las prefecturas autónomas. Posteriormente, la Federación de asociaciones de funcionarios públicos del Ministerio de Trabajo de Grecia (FAMIT) presentó una reclamación ante la OIT, en la que sostenía que la ley contravenía el principio del Convenio núm. 81, que establece que la inspección del trabajo debe situarse bajo la supervisión y el control de una autoridad central. El comité tripartito creado para examinar esta reclamación la consideró pertinente e instó al Gobierno griego a enmendar su legislación para dar cumplimiento al Convenio. En 1998, el Gobierno griego adoptó nuevas leyes que volvieron a situar la inspección del trabajo bajo una autoridad central. Ese año, la Comisión de Expertos acogió con agrado la diligencia del Gobierno griego y la atención prestada a las recomendaciones realizadas por el comité tripartito.

QUEJAS

El procedimiento de queja se rige por los artículos 26 al 34 de la Constitución de la OIT. En virtud de estas disposiciones, puede presentarse una queja contra un Estado Miembro, por incumplimiento de un Convenio que haya ratificado, por otro Estado Miembro que hubiese ratificado el mismo Convenio, por un delegado a la Conferencia Internacional del Trabajo o por el Consejo de Administración en el marco de sus competencias. Después de haber recibido la queja, el Consejo de Administración puede constituir una comisión de encuesta para el caso, compuesta por tres miembros independientes, que será responsable de realizar una investigación profunda de la queja, determinándose todos los hechos del caso y formulándose recomendaciones sobre las medidas que deben tomarse para tratar los problemas planteados por la queja. La comisión de encuesta es el procedimiento de investigación de más alto nivel de la OIT. En general, se recurre a esa comisión cuando un Estado Miembro es acusado de cometer violaciones persistentes y graves, y este se hubiese negado reiteradamente a ocuparse de ello. Hasta la fecha se han creado 13 comisiones de encuesta, la más reciente de las cuales, votada en marzo de 2018 por el Consejo de Administración, es consecuencia de una denuncia presentada en virtud del artículo 26 contra el Gobierno de la República Bolivariana de Venezuela.

Cuando un país se niega a cumplir con las recomendaciones de una comisión de encuesta, el Consejo de Administración puede tomar medidas en virtud del artículo 33 de la Constitución de la OIT. Esta disposición establece que, «en caso de que un Miembro no dé cumplimiento dentro del plazo prescrito a las recomendaciones que pudiere contener el informe de la comisión de encuesta o la decisión de la Corte Internacional de Justicia, según sea el caso, el Consejo de Administración recomendará a la Conferencia las medidas que estime convenientes para obtener el cumplimiento de dichas recomendaciones.» El artículo 33 fue invocado por primera vez en la historia de la OIT en 2000, cuando el Consejo de Administración solicitó a la Conferencia Internacional del Trabajo que adoptase las medidas necesarias para hacer que Myanmar pusiese fin a la utilización del trabajo forzoso. En 1996, se había presentado una queja contra Myanmar en virtud del artículo 26 de la Constitución por violación del Convenio sobre el trabajo forzoso, 1930 (núm. 29), y la comisión de encuesta resultante constató que en este país estaba muy extendido y era sistemático el uso del trabajo forzoso.

El procedimiento de queja

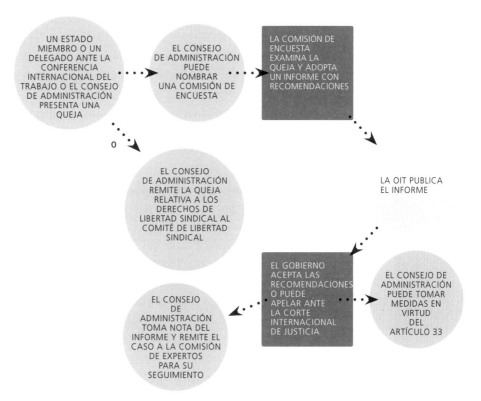

Las quejas en la práctica

Polonia ratificó en 1957, tanto el Convenio sobre la libertad sindical y la protección del derecho de sindicación, 1948 (núm. 87) como el Convenio sobre el derecho de sindicación y de negociación colectiva, 1949 (núm. 98). Cuando se impuso la ley marcial en Polonia, en 1981, el Gobierno suspendió las actividades del sindicato Solidarnosc y detuvo o despidió a muchos de sus dirigentes y afiliados. Después de que el caso hubiese sido examinado por el Comité de Libertad Sindical, algunos delegados a la Conferencia Internacional del Trabajo de 1982, presentaron una queja en virtud del artículo 26 contra Polonia. La comisión de encuesta que se creó constató graves violaciones de ambos convenios. Basándose en las conclusiones de la Comisión, la OIT, al igual que muchos países y organizaciones, presionaron a Polonia para que reparase la situación, y en 1989 el Gobierno polaco legalizó Solidarnosc. El dirigente de este sindicato, y posterior Presidente de Polonia, Lech Walesa, señaló que «la comisión de encuesta creada por la OIT después de la imposición de la ley marcial en mi país hizo contribuciones significativas a los cambios que llevaron la democracia a Polonia».[26]

LIBERTAD SINDICAL

El Comité de Libertad Sindical

La libertad sindical y la negociación colectiva se encuentran entre los principios fundacionales de la OIT. Poco después de la adopción del Convenio sobre la libertad sindical y la protección del derecho de sindicación, 1948 (núm. 87) y del Convenio sobre el derecho de sindicación y de negociación colectiva, 1949 (núm. 98), la OIT llegó a la conclusión de que el principio de libertad sindical requería otros procedimientos de control para garantizar su cumplimiento en los países que no habían ratificado los convenios pertinentes. Como consecuencia de ello, en 1951, la OIT creó el Comité de Libertad Sindical (CLS) con el objetivo de examinar las quejas sobre las violaciones de la libertad sindical, hubiese o no ratificado el país en cuestión los convenios pertinentes. Las organizaciones de empleadores y de trabajadores pueden presentar quejas contra los Estados Miembros. El CLS es un Comité del Consejo de Administración y está compuesto por un presidente independiente y por tres representantes de los gobiernos, tres de los empleadores y tres de los trabajadores. Si el Comité acepta el caso, se pone en contacto con el gobierno interesado para establecer los hechos. Y si decide que se ha producido una violación de las normas o de los principios de libertad sindical, emite un informe a través del Consejo de Administración y formula recomendaciones sobre cómo podría solucionarse la situación. Posteriormente, se solicita a los gobiernos que informen sobre la aplicación de sus recomendaciones. En los casos en los que los países hubiesen ratificado los instrumentos pertinentes, los aspectos legislativos del caso pueden remitirse a la Comisión de Expertos. El Comité también puede optar por proponer una misión de «contactos directos» al gobierno interesado para abordar el problema directamente con sus funcionarios y los interlocutores sociales, a través de un proceso de diálogo. En sus más de 60 años de trabajo, el Comité de Libertad Sindical ha examinado más de 3.300 casos. Más de 60 países de los cinco continentes han actuado a instancias de las recomendaciones del Comité y le han informado acerca de sus avances en materia de libertad sindical a lo largo de los últimos decenios.[27]

El procedimiento de la libertad sindical

SE PUEDE INICIAR UNA MISIÓN DE CONTACTOS DIRECTOS

EL CONSEJO DE ADMINISTRACIÓN APRUEBA LAS RECOMENDACIONES DEL COMITÉ

SEGUIMIENTO POR PARTE DEL COMITÉ DE LIBERTAD SINDICAL

LAS ORGANIZACIONES DE EMPLEADORES O DE TRABAJADORES SOMETEN LA QUEJA AL COMITÉ DE LIBERTAD SINDICAL

E G T

EL COMITÉ EXAMINA LA QUEJA Y DETERMINA QUE LA MISMA NO REQUIERE UN EXAMEN DETALLADO O EMITE RECOMENDACIONES SOBRE LA CUESTIÓN Y SOLICITA AL GOBIERNO QUE LO MANTENGA INFORMADO

SI EL GOBIERNO RATIFICÓ LOS CONVENIOS PERTINENTES, EL CASO TAMBIÉN PUEDE SER REMITIDO A LA COMISIÓN DE EXPERTOS

El Comité de Libertad Sindical: un procedimiento innovador en derecho internacional

En el párrafo 14 de los Procedimientos especiales para el examen de quejas por violaciones al ejercicio de la libertad sindical se establece que «[e]l mandato del Comité consiste en determinar si una situación concreta desde el punto de vista legislativo o de la práctica se ajusta a los principios de libertad sindical y de negociación colectiva derivados de los convenios sobre estas materias.» El Consejo de Administración ha aprobado periódicamente este mandato y, en 2009, decidió incluirlo en el *Compendio normativo aplicable al Consejo de Administración*. El Comité de Libertad Sindical no tiene por mandato formular conclusiones generales respecto de la situación de los sindicatos o de los empleadores en un país determinado sobre la base de vagas generalidades, sino evaluar las alegaciones concretas que se refieren al respeto de los principios de la libertad de asociación. El procedimiento del Comité no tiene por finalidad criticar a los gobiernos, sino más bien entablar un diálogo tripartito constructivo para promover el respeto de los derechos de las organizaciones de trabajadores y de empleadores en la legislación y en la práctica.

Para presentar una queja ante el comité, deben cumplirse ciertas condiciones de admisibilidad. La querellante debe indicar claramente que se propone presentar una queja ante el Comité de Libertad Sindical; la queja debe proceder de una organización de empleadores o de trabajadores; debe presentarse por escrito y estar firmada por el representante de un organismo autorizado para presentar una queja. Las organizaciones no gubernamentales reconocidas como entidades de carácter consultivo por la OIT gozan también del derecho a presentar quejas. En cuanto al fondo, los alegatos contenidos en la denuncia no deben ser de naturaleza puramente política; han de estar claramente formulados y debidamente fundamentados por medio de pruebas. Si bien no es necesario haber agotado todos los recursos internos, el Comité puede tener en cuenta el hecho de que un asunto está pendiente de resolución ante un órgano jurisdiccional nacional. El Comité de Libertad Sindical se reúne tres veces al año, durante la semana anterior a las reuniones del Consejo de Administración.[28]

Mecanismos nacionales tripartitos para la prevención y resolución de conflictos relativos a las normas internacionales del trabajo promovidos por la OIT

Desde hace varios años, la OIT viene promoviendo en América Latina mecanismos tripartitos nacionales para la prevención y resolución de conflictos relativos a las normas internacionales del trabajo, especialmente en lo que se refiere a la libertad sindical y a la negociación colectiva, a petición de los gobiernos contra los cuales se han presentado quejas ante el Comité de Libertad Sindical. Los órganos de control de la OIT han tomado nota de la utilización de estos mecanismos y han apoyado su utilización, alentando a la Oficina a seguir promoviendo su adecuado desarrollo. Estos mecanismos han resultado muy útiles para prevenir y resolver un gran número de controversias en el ámbito de la libertad de sindical y, en ocasiones, han servido de marco para la celebración de convenios colectivos. En Colombia y Panamá se han establecido comisiones de este tipo con resultados alentadores. En la República Dominicana, se decidió conformar una mesa redonda tripartita cuyas funciones incluyen la prevención y el tratamiento adecuado de toda controversia relacionada con la aplicación de los convenios ratificados de la OIT, con el fin de encontrar soluciones y llegar a acuerdos. A partir de la experiencia adquirida hasta la fecha, han de tenerse en cuenta los siguientes criterios para el buen funcionamiento de las comisiones:

– los ministerios de trabajo han de asignar los recursos humanos y financieros necesarios para coordinar la labor de los mecanismos de conciliación; debe ser posible coordinar e invitar a otros ministerios e instituciones del Estado a participar en las reuniones organizadas para tratar los casos que sean objeto de examen;

– la aceptación del mecanismo de mediación debe basarse en un acuerdo tripartito;

– las organizaciones de empleadores y de trabajadores más representativas y el gobierno deben nombrar un mediador/moderador nacional permanente que goce de la confianza de todas las partes;

– las propuestas y las conclusiones que se adopten en el marco de este procedimiento deberán basarse, entre otras cosas, en las normas internacionales del trabajo pertinentes y tener en cuenta las observaciones de los órganos de control;

– se debe establecer un mecanismo para hacer un seguimiento de los acuerdos alcanzados con miras a afianzar la confianza de las partes en el mecanismo;

– los miembros de los mecanismos de mediación también deben recibir formación especial sobre las normas internacionales del trabajo y el sistema de control de la OIT;

– el procedimiento de conciliación debe ser libre y facultativo, y no debería impedir que se recurra a los órganos de control de la OIT.

Sin lugar a dudas la comunidad internacional ha encontrado en estos mecanismos un instrumento adicional para fortalecer los mecanismos de diálogo social. La «exportación» de estas comisiones más allá de América Latina es un desafío. Esta iniciativa se inscribe en el marco de una evolución moderna en la búsqueda constante de la plena aplicación de las normas internacionales del trabajo.

APLICACIÓN DE LOS CONVENIOS CUANDO LOS PAÍSES NO LOS HAYAN RATIFICADO

Estudio General (Artículo 19)

Las normas internacionales del trabajo son instrumentos universales adoptados por la comunidad internacional que reflejan valores y principios comunes sobre los asuntos relacionados con el trabajo. Los Estados Miembros pueden elegir entre ratificar o no ratificar un Convenio determinado, pero la OIT también considera importante seguir la evolución producida en los países que no hayan ratificado determinados convenios. En virtud del artículo 19 de la Constitución de la OIT, los Estados Miembros están obligados a informar con intervalos regulares, a solicitud del Consejo de Administración, de las medidas que han adoptado para dar efecto a las disposiciones de algunos convenios o recomendaciones, y para indicar cualquier obstáculo que les impidiera o retrasara la ratificación de un determinado convenio.

En virtud del Artículo 19, la Comisión de Expertos publica cada año un *estudio general* exhaustivo sobre la legislación y la práctica nacionales en los Estados Miembros, sobre determinados convenios o recomendaciones escogidos por el Consejo de Administración. Los estudios generales se realizan, sobre todo, sobre la base de las memorias recibidas de los Estados Miembros y de las informaciones comunicadas por las organizaciones de empleadores y de trabajadores. Esta información permite a la Comisión de Expertos el examen del impacto de los convenios y de las recomendaciones, el análisis de las dificultades y de los obstáculos para su aplicación que señalan los gobiernos y la identificación de los medios para superar esos obstáculos.

Los estudios generales recientes incluyen:

- 2001– Trabajo nocturno de las mujeres en la industria
- 2002– Trabajo portuario
- 2003 – Protección del salario
- 2004 – Política del empleo
- 2005 – Horas de trabajo
- 2006 – Inspección del trabajo
- 2007 – Trabajo forzoso
- 2008 – Cláusulas de trabajo en los contratos celebrados por las autoridades públicas
- 2009 – Seguridad y salud en el trabajo
- 2010 – Instrumentos relativos al empleo
- 2011– Instrumentos relativos a la seguridad social
- 2012 – Convenios fundamentales
- 2013 – Relaciones de trabajo en la administración pública y negociación colectiva
- 2014 – Instrumentos relativos a la fijación de los salarios mínimos
- 2015 – Derecho de asociación (agricultura) y organizaciones de trabajadores rurales
- 2016 – Instrumentos relativos a los trabajadores migrantes
- 2017 – Instrumentos sobre seguridad y salud en el trabajo
- 2018 – Instrumentos sobre el tiempo de trabajo
- 2019 – Recomendación sobre los pisos de protección social, (núm. 202) (de próxima publicación)
- 2020 – Instrumentos relativos al objetivo estratégico del empleo (de próxima publicación)
- 2021 – Instrumentos sobre el personal de enfermería y los trabajadores domésticos (de próxima publicación)

ASISTENCIA TÉCNICA Y FORMACIÓN

La OIT no solo supervisa la aplicación de los convenios ratificados, sino que también proporciona diversas formas de asistencia técnica, a través de las cuales los funcionarios de la Oficina y otros expertos contribuyen a que los países aborden los problemas en la legislación y en la práctica, para facilitar el cumplimiento de las obligaciones que dimanan de los instrumentos que han ratificado. Las formas de asistencia técnica incluyen las misiones consultivas y las misiones de contactos directos, durante las cuales los funcionarios de la OIT se reúnen con los funcionarios de los gobiernos para discutir los problemas en la aplicación de las normas, con ánimo de encontrar soluciones; y las actividades de promoción, que incluyen seminarios y cursos en el ámbito nacional, con el propósito de crear conciencia sobre las normas, desarrollar las capacidades de los actores nacionales para su utilización, y brindar asesoramiento técnico sobre la forma de aplicar dichas normas en beneficio de todos. La OIT proporciona igualmente asistencia para elaborar la legislación nacional, con la finalidad de que esté de conformidad con las normas de la OIT.

Una red mundial de especialistas en normas internacionales del trabajo

Un gran número de estas actividades de asistencia técnica son llevadas a cabo por especialistas en normas internacionales del trabajo que están asignados a las oficinas de la OIT situadas en todo el mundo. Estos especialistas en normas se reúnen con los funcionarios gubernamentales y con las organizaciones de empleadores y de trabajadores para suministrar asistencia en lo que respecta a las ratificaciones de nuevos convenios y a las obligaciones de envío de memorias, para analizar las soluciones a los problemas planteados por los órganos de control, y para revisar los proyectos de legislación, con miras a garantizar que estén de conformidad con las normas internacionales del trabajo. Los especialistas en normas internacionales del trabajo se encuentran en:

África: Pretoria, El Cairo, Dakar, Yaundé
América: Lima, San José, Santiago
El Caribe: Puerto España
Estados Árabes: Beirut
Asia Oriental: Bangkok
Asia Meridional: Nueva Delhi
Europa Oriental y Asia Central: Budapest, Moscú

El Centro Internacional de Formación de la OIT

El Centro Internacional de Formación de la OIT, que se encuentra en Turín, Italia, tiene el mandato de proporcionar servicios de formación, aprendizaje y creación de capacidad a los gobiernos, a las organizaciones de empleadores, las organizaciones de trabajadores, y otros asociados nacionales e internacionales en apoyo del trabajo decente y el desarrollo sostenible. El centro organiza anualmente más de 450 programas y proyectos para unos 12.000 participantes de 190 países. Concretamente, el Centro imparte formación a funcionarios gubernamentales, empleadores, trabajadores, abogados, jueces y profesores de derecho en el ámbito de las normas internacionales del trabajo, así como cursos especializados sobre normas del trabajo, mejora de la productividad y desarrollo empresarial, normas internacionales del trabajo y globalización, y derechos de las trabajadoras.

El Centro también cuenta con la Academia de trabajo marítimo que consiste en un programa de cursos especializados encaminados a fortalecer la capacidad de los gobiernos, armadores y gente de mar en cuanto a la aplicación del Convenio de Trabajo Marítimo, 2006.

DECLARACIÓN DE LA OIT RELATIVA A LOS PRINCIPIOS Y DERECHOS FUNDAMENTALES EN EL TRABAJO Y SU SEGUIMIENTO (1998)

En 1998, la OIT creó una medida de promoción especial para fortalecer la aplicación de los cuatro principios y derechos que considera fundamentales para alcanzar la justicia social, y adoptó la Declaración de la OIT relativa a los principios y derechos fundamentales para la justicia social. Al adoptar la Declaración relativa a los principios y derechos fundamentales en el trabajo, los Estados Miembros de la OIT reconocen que tienen la obligación de trabajar en aras de alcanzar determinados valores básicos que son inherentes a la pertenencia a la OIT, es decir, la libertad sindical y el reconocimiento efectivo del derecho de negociación colectiva; la erradicación de todas las formas de trabajo forzoso u obligatorio; la abolición efectiva del trabajo infantil; y la eliminación de la discriminación en materia de empleo y ocupación. Esta obligación existe aun cuando los países no hubiesen podido todavía ratificar los ocho convenios fundamentales que consagran estos principios (incluido el Protocolo de 2014 relativo al Convenio sobre el trabajo forzoso). Al mismo tiempo, la propia OIT tiene la obligación de brindar la asistencia necesaria para la consecución de estos objetivos.

Por otra parte, en el punto 5 de la Declaración de 1998 se señala que las normas del trabajo no pueden utilizarse con fines comerciales proteccionistas y que nada de lo dispuesto en esa Declaración ni en su seguimiento puede invocarse ni utilizarse con esos fines; además, en virtud de la presente Declaración no se puede cuestionar en modo alguno la ventaja comparativa de un país.

Se adoptó simultáneamente un seguimiento de la Declaración de 1998 para contribuir a determinar las necesidades de los Estados de mejorar su aplicación de los principios y derechos mencionados. Los Estados Miembros deben presentar informes anuales sobre todos los derechos fundamentales respecto de los cuales no hubiesen ratificado los correspondientes convenios de la OIT. Estos informes son examinados por el Consejo de Administración, cuyos comentarios se publican en la introducción al examen de los informes anuales. En este documento se ofrece una visión general de la aplicación de los principios y derechos fundamentales en el trabajo en los países de que se trate, al tiempo que se hace referencia a la evolución y las tendencias observadas.

La Declaración y su seguimiento están concebidos para promover los principios y los derechos que los mismos consagran y para facilitar la ratificación de las normas fundamentales mediante el diálogo y la asistencia técnica. La finalidad de la Declaración y su seguimiento no consiste en establecer un grupo paralelo de normas, sino más bien en asistir a los Estados Miembros en la consecución del pleno respeto de los principios y derechos fundamentales en el trabajo, incluida la ratificación de todos los convenios fundamentales, así como el Protocolo de 2014 relativo al Convenio sobre el trabajo forzoso. Una vez que se haya alcanzado este objetivo, todos los Estados Miembros quedarán sujetos al sistema de control regular de la OIT respecto de estos instrumentos.

DECLARACIÓN DE LA OIT SOBRE LA JUSTICIA SOCIAL PARA UNA GLOBALIZACIÓN EQUITATIVA (2008)

Los gobiernos, trabajadores y empleadores de la Organización Internacional del Trabajo (OIT), en un ambiente de profunda incertidumbre en el mundo laboral en torno a cuestiones que van desde la turbulencia financiera y la caída de la economía al creciente desempleo, la informalidad y una insuficiente protección social, adoptaron en junio de 2008, la **Declaración de la OIT sobre la Justicia Social para una Globalización Equitativa**, que tuvo por finalidad fortalecer la capacidad de esta organización tripartita para promover el Programa de Trabajo Decente y responder eficazmente a los desafíos de las transformaciones del mundo del trabajo provocadas por la globalización. Esta es la tercera declaración de principios y políticas de gran alcance adoptada por la Conferencia Internacional del Trabajo desde la Constitución de la OIT en 1919. Es heredera de la Declaración de Filadelfia, de 1944, y de la Declaración de la OIT relativa a los principios y derechos fundamentales en el trabajo y su seguimiento, de 1998. La Declaración de 2008 expresa la visión contemporánea del mandato de la OIT en la era de la globalización. Todos los Miembros de la Organización deben propiciar políticas basadas en los objetivos estratégicos, a saber, el empleo, la protección social, el diálogo social y los derechos en el trabajo. Al mismo tiempo, hace hincapié en la importancia de un enfoque holístico e integrado al reconocer que esos objetivos son «inseparables, están interrelacionados y se refuerzan mutuamente», garantizando la función de las normas internacionales del trabajo como medio útil para alcanzar todos esos objetivos.

La Declaración destaca asimismo la necesidad de promover la política normativa de la OIT como piedra angular de sus actividades realzando su pertinencia para el mundo del trabajo, y garantizar la función de las normas como medio útil para alcanzar los objetivos constitucionales de la Organización. La Declaración señala también que la forma en que los Estados Miembros alcancen los objetivos estratégicos es una cuestión que ha de determinar cada uno de ellos de conformidad con las obligaciones internacionales que haya asumido y con los principios y derechos fundamentales en el trabajo, teniendo debidamente en cuenta, entre otras cosas, los principios y disposiciones de las normas internacionales del trabajo. Por otra parte, la Declaración recuerda que la violación de los principios y derechos fundamentales en el trabajo no puede invocarse ni utilizarse como ventaja comparativa legítima, y que las normas del trabajo no pueden utilizarse con fines comerciales proteccionistas.

La Declaración comprende un mecanismo de seguimiento para garantizar los medios por los que la Organización sostendrá los esfuerzos de sus Miembros para promover el *Programa de Trabajo Decente*, entre otros: el examen de las prácticas institucionales y de la gobernanza de la OIT; un sistema de discusiones recurrentes por la Conferencia Internacional del Trabajo con el fin de responder a las realidades y necesidades de los Estados Miembros y evaluar los resultados de las actividades de la OIT; el examen por países a pedido de estos últimos, asistencia técnica y servicios de asesoramiento; el fortalecimiento de las capacidades de investigación, de recolección y difusión de información.

INICIATIVA PARA EL CENTENARIO DE LA OIT RELATIVA A LAS NORMAS INTERNACIONALES DEL TRABAJO

La iniciativa relativa a las normas es una de las siete iniciativas para el centenario que se llevaron a cabo antes del centenario de la OIT en 2019.

Su objetivo es doble. Esta iniciativa tiene como finalidad:

- mejorar la pertinencia de las normas internacionales del trabajo a través del mecanismo de examen de las normas, y
- consolidar el consenso tripartito en torno a un sistema de control reconocido.

1. **Mecanismo de examen de las normas (MEN)**

   El MEN es un mecanismo integrado de la política normativa de la OIT para garantizar que la OIT cuente con un conjunto coherente y actualizado de normas internacionales del trabajo que responde a la constante evolución del mundo del trabajo, con el propósito de proteger a los trabajadores y teniendo presentes las necesidades de las empresas sostenibles (véase la Sección 1, Actualización de las normas internacionales del trabajo).

2. **Un consenso tripartito consolidado en torno a un sistema de control reconocido**

   La aplicación se inició tras la solicitud del Consejo de Administración, en marzo de 2015, al Presidente de la Comisión de Expertos en Aplicación de Convenios y Recomendaciones, y al Presidente del Comité de libertad sindical para la preparación conjunta de un informe sobre la interrelación, el funcionamiento y la posible mejora de los distintos procedimientos de control relativos a los artículos 22, 23, 24 y 26 de la Constitución de la OIT , así como del mecanismo de quejas sobre libertad sindical.

   En su sesión de marzo de 2017, el Consejo de Administración adoptó un plan y programa de trabajo relativo al fortalecimiento del sistema de control, incluyendo diez propuestas agrupadas en cuatro esferas de interés. Las diez propuestas abarcan un amplio abanico de temas como: la relación entre los mecanismos de control de la OIT, la incorporación de la elaboración de memorias, la puesta en común de la información con las organizaciones y la seguridad jurídica. El plan de trabajo está actualmente en curso de aplicación.

   La Iniciativa relativa a las normas está encabezando la política actual de las normas internacionales del trabajo. Esta política aspira a fortalecer el papel de las normas internacionales del trabajo para avanzar en el sentido de la Organización, es decir, fomentar la justicia social mediante la promoción del trabajo decente. Para cumplir este objetivo, la política relativa a las normas está sirviendo de base a los esfuerzos para:

   - ofrecer una mayor visibilidad a las normas internacionales del trabajo;
   - alcanzar a los mandantes a través de la asistencia técnica, la cooperación técnica y el fortalecimiento de competencias.

4

RECURSOS

«No podemos progresar a costa de la justicia social ni competir sin respetar un número mínimo de derechos humanos básicos. Esta observación no es sólo cierta respecto de nuestra sociedad, sino del mundo en su totalidad.»
Nelson Mandela, Presidente del Congreso Nacional Africano, 1994.[29]

A través de esta publicación se ha intentado poner de manifiesto que las normas internacionales del trabajo son herramientas importantes para garantizar que la economía global aporte beneficios y oportunidades para todos. De la libertad sindical a la seguridad social, de la lucha contra el trabajo infantil a la promoción de la formación profesional, las normas internacionales del trabajo establecen condiciones de trabajo dignas y decentes, y los beneficios económicos relacionados, tanto en el ámbito nacional como en el empresarial. El sistema de control garantiza el respeto por parte de los países de sus obligaciones en virtud de los convenios que han ratificado, y, de manera más general, de sus obligaciones en virtud de la Constitución de la OIT.

El sistema de normas internacionales del trabajo sigue creciendo y desarrollándose para responder a las actuales necesidades mundiales. Se han producido numerosos casos de progreso a los que ha contribuido el sistema de normas internacionales del trabajo, si bien resta mucho por hacer. Aunque el sistema de normas internacionales del trabajo es fundamentalmente una herramienta de la que han de valerse los gobiernos y las organizaciones de empleadores y de trabajadores, el público en general también puede desempeñar una función relevante. Los individuos, las organizaciones no gubernamentales, las empresas y los activistas pueden crear conciencia sobre las normas internacionales del trabajo, incentivar a sus gobiernos a que ratifiquen los convenios, y trabajar con las organizaciones de empleadores y de trabajadores idóneas para identificar los problemas que se plantean en la aplicación de tales normas. La OIT espera que esta publicación proporcionará un primer acercamiento a las normas internacionales del trabajo que permita no solo a los mandantes de la OIT, sino también a la sociedad en su conjunto hacer uso de estas vigorosas herramientas para la consecución del desarrollo.

En las páginas siguientes se brinda una perspectiva general de algunos de los documentos más importantes sobre las normas internacionales del trabajo, así como de otras fuentes de información.

PRINCIPALES ORGANOS Y DOCUMENTOS DE LA OIT

- Convenios y recomendaciones

- Constitución de la OIT

- Informe de la Comisión de Expertos en Aplicación de Convenios y Recomendaciones
  Informe anual, que contiene:
  Informe general: Comentarios sobre el respeto de los Estados Miembros de la obligación de enviar memorias, los casos de progreso, y la relación de las normas internacionales del trabajo con el sistema multilateral (Informe III (Parte 1A)).
  Observaciones: comentarios sobre la aplicación de los convenios por parte de los Estados Ratificantes (Informe III (Parte 1A)).
  Estudio general: examina la aplicación de las normas en un ámbito específico por parte de los Estados Miembros que hayan ratificado o no convenios pertinentes (Informe III (Parte 1B)).

- Informe de la Comisión de Aplicación de Normas de la Conferencia
  El informe contiene:
  Informe general
  Examen de casos individuales
  Se encuentra disponible en las Actas provisionales de la Conferencia Internacional del Trabajo y son publicadas en las Actas de la Conferencia Internacional del Trabajo.

- Informe del Comité de Libertad Sindical
  Se publica tres veces al año como documento del Consejo de Administración y en el *Boletín Oficial de la OIT.*

- Informes de los comités establecidos para examinar las reclamaciones (art. 24)
  Publicados en los documentos del Consejo de Administración.

- Informes de las comisiones de encuesta (art. 26)
  Publicados en los documentos del Consejo de Administración y en el *Boletín Oficial de la OIT.*

  Todo lo anterior se encuentra disponible en la base de datos NORMLEX en: www.ilo.org/normlex

- **Documentos del Consejo de Administración**, incluyen documentos de la Comisión de Cuestiones Jurídicas y Normas Internacionales del Trabajo. Disponibles en: https://www.ilo.org/gb/lang--es/index.htm

- **Documentos de la Conferencia Internacional del Trabajo**, incluidos los informes preparatorios para la adopción de Convenios y Recomendaciones. Disponibles en: https://www.ilo.org/ilc/ILCSessions/lang--es/index.htm

- **Documento en virtud del seguimiento de la Declaración relativa a los principios y derechos fundamentales en el trabajo.** Disponible en: https://www.ilo.org/declaration/follow-up/annualreview/annualreports/lang--es/index.htm

Los documentos de la OIT también se encuentran disponibles en las oficinas de la OIT.

Publicaciones seleccionadas

Una selección de publicaciones sobre los diferentes temas tratados por las normas internacionales del trabajo y el sistema de control de la OIT está disponible en la página de inicio del sitio web de la OIT sobre las normas internacionales del trabajo. Estas publicaciones cubren los siguientes temas en particular:

– Labor general sobre las normas internacionales del trabajo
– Actividad normativa y mecanismo de control de la OIT
– Libertad de asociación y negociación colectiva
– Trabajo infantil y trabajo forzoso
– La gente de mar y el trabajo marítimo
– Protección de la maternidad
– Economía informal
– Comercio y derechos de los trabajadores
– Administración e inspección del trabajo
– Igualdad de trato

- **Véase el sitio Web de las normas del trabajo bajo el epígrafe** «Publicaciones» disponible en: www.ilo.org/global/standards/information-resources-and-publications/publications/lang--es/index.htm

Recursos en Internet

- NORMLEX es una base de datos trilingüe (francés, inglés, español) en la que se recoge información sobre las normas internacionales del trabajo (por ejemplo, información sobre las ratificaciones, las obligaciones de presentación de informes, los comentarios de los órganos de control de la OIT, etc.), así como sobre la legislación nacional en materia laboral y de seguridad social. Ha sido diseñada para proporcionar información completa y de fácil acceso sobre estos temas.

- NATLEX es una base de datos trilingüe (francés, inglés, español - además de un gran número de textos en su idioma original) sobre derecho laboral, la seguridad social y los derechos humanos. Comprende cerca de 90.000 registros legislativos de 196 países y más de 160 territorios, provincias y otras subdivisiones.

Estas bases de datos están disponibles en el sitio Web del Departamento de Normas Internacionales del Trabajo en la siguiente dirección: www.ilo.org/normes

NOTAS

[1] BIT, *Declaración de Intenciones de Guy Ryder, Director General de la OIT,* Ginebra, 2016.

[2] *Perspectivas sociales y del empleo en el mundo: Tendencias 2018, Ginebra, 2018.*

[3] Véase el Informe intitulado « Trabajar para un futuro más prometedor », publicado el 22 de enero de 2019, disponible en: https://www.ilo.org/global/topics/future-of-work/publications/WCMS_662442/lang--es/index.htm

[4] OIT, *Emploi et questions sociales dans le monde – Une économie verte et créatrice d'emplois,* Ginebra, 2018. IIES (Institut international d'études sociales), *World of Work Report 2013: Repairing the economic and social fabric,* Ginebra, OIT, 2013. Resumen francés: «Rapport sur le travail dans le monde 2013: restaurer le tissu économique et social».

[5] OIT: *La transición de la economía informal a la economía formal,* Informe V (1), Conferencia Internacional del Trabajo, 103.a reunión de la Conferencia Internacional del Trabajo, Ginebra, 2014.

[6] *Véase http://www.ilo.org/empent/areas/business-helpdesk/lang--es/index.htm*

[7] *Instituto Internacional de Estudios Laborales, Social Dimensions of Free Trade Agreements, OIT, 2013; Véase también: C. Doumbia-Henry y E. Gravel: Acuerdos de libre comercio y derechos laborales : Evolución reciente, Revista Internacional del Trabajo, Vol. 145 (2006), núm. 3, págs. 207-231.*

[8] *Véase M. Oelz, S. Olney y M. Tomei: Igualdad salarial. Guía introductoria, OIT, Ginebra, 2013.*

[9] OIT y Corporación Financiera Internacional, *Better Work Jordan Annual Report*: An Industry and Compliance Review, 2017.

[10] Reseña basada en T. El-Rayyes, Multi-employer collective bargaining in Jordan: The case of the garment industry, de próxima publicación.

[11] Global Estimates of Modern Slavery: Forced Labour and Forced Marriage, Ginebra, OIT, 2017 (documento completo disponible solo en inglés, puede consultarse el resumen ejecutivo en español: «Estimaciones mundiales sobre la esclavitud moderna: Trabajo forzoso y matrimonio forzoso».

[12] OIT, *Estimaciones mundiales sobre el trabajo infantil: Resultados y tendencias 2012-2016,* Ginebra 2017. Resumen ejecutivo en español: *«Estimaciones mundiales sobre el trabajo infantil: Resultados y tendencias 2012-2016».*

[13] UCW: Understanding the Brazilian success in reducing child labour: empirical evidence and policy lessons, Roma, 2011.

[14] *Véase M. Oelz, S. Olney y M. Tomei: Igualdad salarial. Guía introductoria, OIT, Ginebra, 2013.*

[15] OIT, «Examen de los elementos fundamentales del Programa Global de Empleo», doc. GB.286/ESP/1 (Rev.), 286.a reunión del Consejo de Administración, Ginebra, marzo de 2003, págs. 5-6.

[16] OIT: Aprender y formarse para trabajar en la sociedad del conocimiento: las opiniones de los mandantes, 2001, Informe IV (1), Conferencia Internacional del Trabajo, Ginebra, 91ª reunión, 2003, pág. 6. Vease también Banco Mundial: Informe del desarollo en el mundo, op. cit., págs. 137-140.

[17] Véase el Informe final de la Reunión tripartita de expertos para el examen del Convenio sobre la terminación de la relación de trabajo, 1982 (núm. 158) y de la Recomendación correspondiente (núm. 166) celebrada en abril de 2011 (TMEE C.158-R.166/2011/2) disponible en: http://www.ilo.org/wcmsp5/groups/public/--ed_norm/---relconf/documents/meetingdocument/wcms_165170.pdf y la decisión del Consejo de Administración sobre el Informe y resultado de la Reunión tripartita de expertos (Documento GB.312/LILS/6, párrafo 4, en su forma enmendada) disponible en: http://www.ilo.org/gb/decisions/GB312-decision/WCMS_168109/lang--es/index. htm

[18] Véase el sitio del Día Mundial de la Seguridad y la Salud en el Trabajo 2018 en: https://www.ilo.org/safework/events/safeday/lang--es/index.htm

[19] Adaptado de R. Silva, M. Humblet: Normas para el Siglo XXI: Seguridad Social, OIT, Ginebra, 2002

[20] Véase el *Informe Mundial sobre la Protección Social 2017-2019: La protección social universal para alcanzar los Objetivos de Desarrollo Sostenible*, [Resumen] Ginebra, 2017, p. 36 (del original en inglés). Véase también el Cuadro B.5 del informe (Anexo IV) (del original en idioma inglés).

[21] OIT, *ILO Global estimates on migrant workers and migrant domestic workers: results* and methodology. «Estimaciones mundiales de la OIT sobre los trabajadores y las trabajadoras migrantes - Resultados y metodología» [Resumen Ejecutivo], Ginebra, 2015.

[22] OIT, *Migración laboral: nuevo contexto y desafíos de gobernanza*, informe IV, Conferencia Internacional del Trabajo, 106.a reunión, Ginebra, 2017.

[23] Véase: https://www.ilo.org/global/standards/maritime-labour-convention/what-it-does/WCMS_219764/lang--es/index.htm

[24] Véase el sitio Web del Departamento de Políticas Sectoriales (SECTOR) de la OIT, sector de la hotelería, turismo y restauración. Disponible en : https://www.ilo.org/global/industries-and-sectors/hotels-catering-tourism/lang--es/index.htm

[25] Véase el Manual sobre procedimientos en materia de convenios y recomendaciones internacionales del trabajo (edición revisada 2012).

[26] OIT: Promoting better working conditions: a guide to the international labor standards system, Oficina de correspondencia en Washington, DC, 2003, pág. 29.

[27] E. Gravel, I. Duplessis, B. Gernigon: El Comité de Libertad Sindical: impacto desde su creación, OIT, Ginebra, 2001.

[28] Véase La libertad sindical - Recopilación de decisiones del Comité de Libertad Sindical, sexta edición, 2018. Documento disponible en: https://www.ilo.org/global/standards/subjects-covered-by-international-labour-standards/freedom-of-association/WCMS_635185/lang--es/index.htm

[29] N. Mandela: «La lucha permanente por la justicia social», en Pensamientos sobre el porvenir de la justicia social: ensayos con motivo del 75.° aniversario de la OIT, OIT, Ginebra,1994, pág. 202.